KB241020

금융시장

은행·증권·보험

금융시장

은행 · 증권 · 보험

임태순

한국학술정보(주)

우리를 둘러싼 금융환경은 변화를 주도하면서 우리의 삶을 지배해 왔다는 사실을 익히 알고 있으면서도 최근에 일어나고 있는 일련의 금융환경 변화는 그 변화의 속도감 때문에 어지러움을 호소할 정도이다. 아니, 변화라고 하는 진폭의 크기나 속도가 워낙 빠르다 보니 이젠 '변화'란 단어만으론 진부함마저 느끼게 된다. 아마도 '광속(光速) 같은 변화'라고 하면 그나마 조금 더 느낌이 와 닿을 것 같다.

21세기가 밝은 지 벌써 첫 10년이 지나가고 있다. 밝아오는 여명을 향하여 새롭게 항해를 시작하던 지구촌은 예기치 않게 쓰나미처럼 밀어닥친 '글로벌 금융위기'로 인하여 지구촌 전체가 이내 체력적인 한계를 드러냈으며 아직까지도 완전히 회복하지 못한 모습을 보이고 있다. 고통이 안겨 준 쓰라린 경험을 통하여 다시 밀려올지도 모를 새로운 유형의 금융쓰나미를 미연에 방지하기 위한 방책으로 금융제도에 대한 새로운 성찰의 바람이 일어나고 있다.

그동안 지구촌에는 새로운 금융상품들이 혜성처럼 나타났다 싶으면, 오래 지나지 않아서 사라져 버리고, 이내 또 다른 새로운 무리의 금융상품들이 가속도로 우리들 곁에 다가와 유혹의 눈길을 보내왔다. 때론 고수익이란 미명 아래, 때론 위험분산이란 이름으로 또는 글로벌투자란 단어로 인간이 가진 소유의 욕망을 자극해 왔다.

'변화에 가장 잘 적응하려면 시류에 편승하라'고 했던가? 우리는 더 이상 금융시장에 대한 이해를 멀리할 수 없게 되었다. 과거에는 금융업에 종사하는 분들의 전유물이었던 금융시장에 대한 이해의 필요성이 이제는 우리 모두의 필수사항이 되었다고 해도 과언이 아니다. 작금의 금융환경은 우리들이 금융시장에 대해 눈을 감고 살아가기엔 너무나 불편하고 불이익이 많음을 보여주고 있다. 더 이상 금융에 대한 지식의 재무장을 외면할 수 없는 현실이 된 것이다.

　본서는 10년 가까운 시간 동안 대학에서 강의한 내용을 중심으로 하여 구성한 금융시장의 기초개념서이다. 본서의 구성은 총 6편으로 구성되어 있다. 제1편에서는 금융시장의 개관을 살피고 제2편에서는 금융시장의 발달에 대해 논의하였다. 제3편과 제4편에서는 은행업과 증권시장을 살펴보고 제5편과 6편에서는 보험시장과 외환시장을 포함한 기타 금융시장에 대해 학습할 장을 마련하였다. 그리고 매 편에는 각각 두 개씩의 장을 두어서 세부적으로 학습할 수 있게 구성하였다. 매학기 금융시장에서 새롭게 변화되는 내용에 대한 보완작업이 반복적으로 진행되어 왔지만, 아직도 다 채우지 못한 여백에 대해 독자들의 조언을 당부드린다. 그리고 집필과정에서 선지식(善知識)인들이 주신 인용의 기회에 대해 깊이 감사드리며, 본서의 특징을 요약하면 다음과 같다.

　첫째, 금융시장에 대한 전반적인 지식을 습득할 수 있게 간편하고 쉽게 구성하였다. 미시적인 세부사항보다는 거시적인 틀 속에서 전체를 먼저 살필 수 있도록 하여 금융시장에 대해 깊이 있는 지식을 갖고 있는 분들뿐만 아니라 문외한이라고 생각하시는 분들도 금융시장을 쉽게 이해할 수 있도록 편성하였다.

둘째, 금융시장에 대한 이론뿐만 아니라, 함께 생각하기 그리고 쉬어가기 코너를 마련하여 금융과 결부된 사항에 대하여 스스로 생각할 수 있는 여백을 제공하였다는 점이다. 이런 여백을 통하여 금융시장에 대한 전반적인 흐름과 추세에 대해 스스로 추론해 보도록 구성하였다. 또한, 시사성이 있는 금융의 화두들을 본문의 말미에 추가하여 금융쉼터란 코너를 마련하였다.

셋째, 시간적인 제약 속에서 생활하는 독자들을 위하여 가능하면 긴 서술형의 내용 대신 핵심내용을 중심으로 정리하는 방식으로 구성하였다. 따라서 금융시장에 대한 체계를 핵심 위주로 간략하게 정리할 수 있게 구성하였다.

넷째, 각 장이 끝나는 말미에 스스로 학습내용을 점검할 수 있는 퀴즈문제를 제공하였다. 또한 본문에서 언급된 내용 중에서 용어에 대한 부수적인 설명이 필요하다고 생각된 부분에는 용어해설을 덧붙여 제공하였다.

마지막으로 이 책이 출간되기까지 도움을 주신 모든 분들께 깊은 감사를 드리며, 특히, 한국학술정보(주) 채종준 사장님 이하 관계자 모든 분들께 감사드린다.

2010년 6월

임태순

차 례

제1편 금융시장의 개관

제1장 금융시장 ——————————————————— 19

1. 금융시장 ——————————————————— 19

2. 자금의 유통, 금융자산의 분류 ——————————— 23

3. 금융시장의 종류 ————————————————— 27

■ 금융쉼터 ——————————————————— 31

[퀴즈 문제] —————————————————— 33

[용어정리] ——————————————————— 34

[참고문헌] ——————————————————— 34

제2장 금융시장(II) ——————————————— 36

1. 국내 금융시장 ————————————————— 36

2. 국내금융기관의 감독체계/시상의 효율성 ——————— 41

3. 금융기관의 기능/금융기관의 경영원칙 ———————— 44

■ 금융쉼터 ——————————————————— 48

[퀴즈 문제] —————————————————— 50

[용어정리] ——————————————————— 50

[참고문헌] ——————————————————— 51

제2편 금융시장의 발달

제3장 금융제도(시장)의 발달 —————————————— 55

1. 금융제도의 발전과정 —————————————— 55

2. 겸업화의 진행 —————————————— 60

3. 겸업화의 효과분석 —————————————— 65

■ 금융쉼터 —————————————— 70

[퀴즈 문제] —————————————— 72

[용어정리] —————————————— 72

[참고문헌] —————————————— 73

제4장 사이버금융 —————————————— 74

1. 사이버금융의 발전 —————————————— 74

2. 영역별 사이버금융의 진행 —————————————— 78

3. 사이버금융의 미래 —————————————— 83

■ 금융쉼터 —————————————— 87

[퀴즈 문제] —————————————— 88

[용어정리] —————————————— 89

[참고문헌] —————————————— 89

제3편 은행업

제5장 금융산업의 발전/은행저축 ————————————————— 93

1. 국내 금융산업의 발전 ————————————————— 93
2. 은행저축의 원리 ————————————————— 98
3. 은행저축상품 ————————————————— 101
- 금융쉼터 ————————————————— 107

　[퀴즈 문제] ————————————————— 108

　[용어정리] ————————————————— 108

　[참고문헌] ————————————————— 108

제6장 은행영업 및 경영/정부규제 ————————————————— 110

1. 은행영업 ————————————————— 110
2. 은행경영 ————————————————— 116
3. 은행의 자본관리와 정부규제 ————————————————— 121
- 금융쉼터 ————————————————— 125

　[퀴즈 문제] ————————————————— 127

　[용어정리] ————————————————— 127

　[참고문헌] ————————————————— 128

제4편 증권시장

제7장 증권시장 ——————————————————————— 131

1. 증권시장의 기능과 구조(Ⅰ) ——————————————— 131

2. 증권시장의 기능과 구조(Ⅱ) ——————————————— 136

3. 주식과 채권 ————————————————————————— 139

■ 금융쉼터 ——————————————————————————— 147

[퀴즈 문제] ——————————————————————————— 148

[용어정리] ——————————————————————————— 148

[참고문헌] ——————————————————————————— 149

제8장 증권시장(Ⅱ) ——————————————————— 150

1. 투자분석 ——————————————————————————— 150

2. 기업분석 ——————————————————————————— 154

3. 기술적 분석 ————————————————————————— 158

■ 금융쉼터 ——————————————————————————— 162

[퀴즈 문제] ——————————————————————————— 163

[용어정리] ——————————————————————————— 164

[참고문헌] ——————————————————————————— 164

제5편 보험시장

제9장 보험시장 ———— 167

1. 보험의 개념 및 의의 ———— 167
2. 보험의 종류 ———— 171
3. 세계 보험시장의 동향 및 추세 ———— 176
- 금융쉼터 ———— 180

　[퀴즈 문제] ———— 181

　[용어정리] ———— 181

　[참고문헌] ———— 182

제10장 보험시장(Ⅱ) ———— 183

1. 인보험 ———— 183
2. 손해보험 ———— 189
3. 보험공급자에 대한 이해 ———— 194
- 금융쉼터 ———— 199

　[퀴즈 문제] ———— 200

　[용어정리] ———— 200

　[참고문헌] ———— 201

제6편 외환시장 및 기타 금융시장

제1장 외환시장 ———————————————————— 205

　1. 외환시장 구조와 환율 ———————————————— 205

　2. 환율의 결정이론 ————————————————————— 212

　3. 환위험 관리 ——————————————————————— 216

　■ 금융쉼터 ————————————————————————— 220

　　[퀴즈 문제] ———————————————————————— 224

　　[용어정리] ———————————————————————— 224

　　[참고문헌] ———————————————————————— 225

제2장 기타 금융시장 ———————————————————— 226

　1. 종금사 ————————————————————————— 226

　2. 카드사 ————————————————————————— 229

　3. 투자신탁업 ——————————————————————— 233

　■ 금융쉼터 ————————————————————————— 237

　　[퀴즈 문제] ———————————————————————— 238

　　[용어정리] ———————————————————————— 238

　　[참고문헌] ———————————————————————— 239

부 록

- 부록 1. 우리나라 금융시장의 역사 ——————————— 240
- 부록 2. 글로벌 금융위기 진행 과정 ——————————— 243
- 부록 3. 자본시장통합법 〈총칙〉 ——————————— 245

제**1**편

금융시장의 개관

- 제1장 금융시장
- 제2장 금융시장(Ⅱ)

제1장 금융시장

[학습목표]

1. 금융시장을 이해하기에 앞서 금융시장의 도입에 대해 알아본다.
   경영학적인 측면과 경제적인 측면에서 금융시장의 배경을 이해한다.
2. 경제를 구성하는 주체(가계, 기업, 정부)들 간에서 형성될 수 있는 경제의 흑자지출단위와 적자지출단위의 개념을 이해하고, 금융 및 금융거래에 대해 이해하는 데 학습목표를 둔다.
3. 자금의 유통과 흐름, 그리고 금융자산과 금융시장의 분류에 대해 알아본다.

1. 금융시장

☞ 함께 생각해 보자 ☜

금융시장에 대한 강의에 앞서서 지금 여러분들이 수업을 하고 있는 금융시장이란 학문이 어디에서부터 출발하여 왔는가를 함께 생각해 보고자 합니다.

1.1. 금융시장에 대한 이해

1) 학문적으로 경영학적인 측면에서 경영에 뿌리를 두고 경영학의
   중요한 각론인 재무관리의 하위 학문으로 이해할 수 있다.

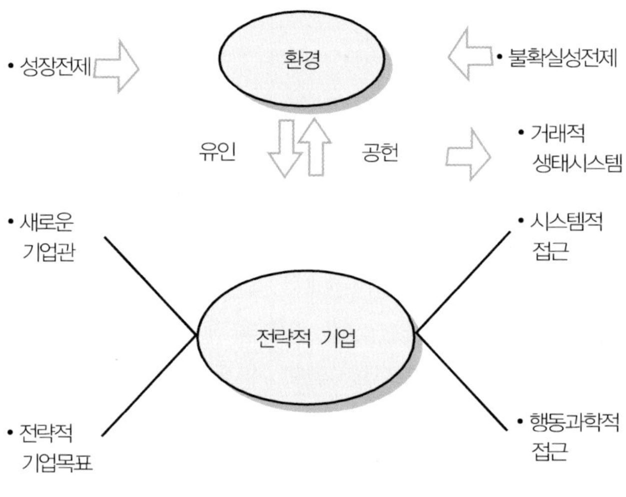

〈그림 1-1〉 기업과 환경[1]

2) 경제 행위의 주체인 가계, 기업, 그리고 정부 간에 벌어지는 경
   제행위에 기반을 두고 학문적인 연계성을 정리해 볼 수 있다.

---

1) 출처: 임태순, 경영학 원론, 한국학술정보(주), 2010, p.21; 전용수·정승언·임태순 공저, 현
   대 경영학의 이해, 법문사, p.17.

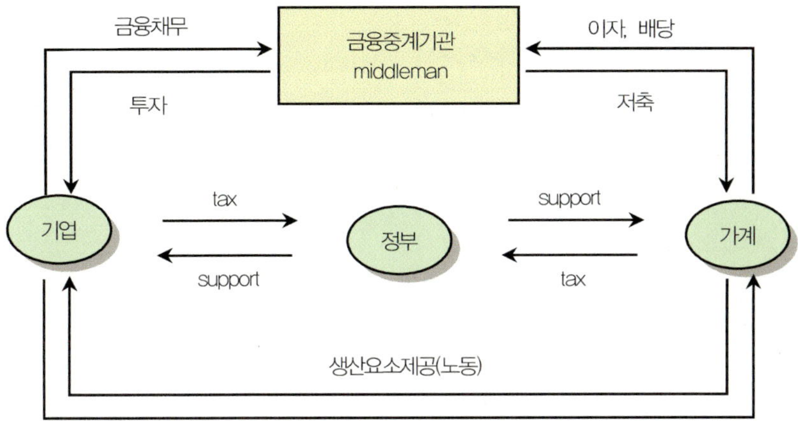

〈그림 1-2〉 경제주체와 금융중계기관(1)

3) 금융시장에 대한 강의는 금융시장, 금융기관, 금융제도, 종합금
   융 등의 제목으로 강의되고 있으며, 때론 금융시장의 범주에
   기관과 제도적인 측면까지 포함되어 강의되고 있다.

4) 자, 이제 1), 2), 3)을 통하여 정리된 체계 위에서 산업과 정보사
   회가 더욱 발전해 감에 따라 중요성이 날로 강조되고 있는 금
   융 및 금융시장에 대한 항해를 우리 함께 출발해 보도록 하자.

☞ 쉬어가기: 부자편 1 ☜

부자에 대해 알고 싶은가.
부자 엿보기를 통하여 부자를 살펴보자.

1) 부자의 개념[2]
   (富)란 집에 복이 깃든다는 의미로 부자란 복이 깃든 집에 사는 사람이라고 해석된다.

2) 경제적 해석[3]
   ① 통계(2007년)
      23억 원→부동산 상승으로 50억 원→100억 원(부자들이 보는 부자)
   ② 소득과 소비
      1억 8,000만 원(소득), 월 500만 원 이상 여윳돈
      생활비로 2,000만 원 이상(부자들이 보는 부자)

3) 부자들의 생활철학[4]
   ① 소유한 것보다 검소→'The millionaire next door' 중고차
   ② 키워드 '가치(value)'→자기보상, 쾌적
   ③ 근면→아침형 인간

---

2) 출처: 임태순 저, 핵심재테크, 이담북스, 2010, part Ⅰ. 부자폴더 p.22 참조.
3) 출처: 임태순 저, 핵심재테크, 이담북스, 2010, part Ⅰ. 부자폴더 p.20 참조.
4) 출처: 임태순 저, 핵심재테크, 이담북스, 2010, part Ⅰ. 부자폴더 p.27 참조.

2. 자금의 유통, 금융자산의 분류

2.1. 개념도

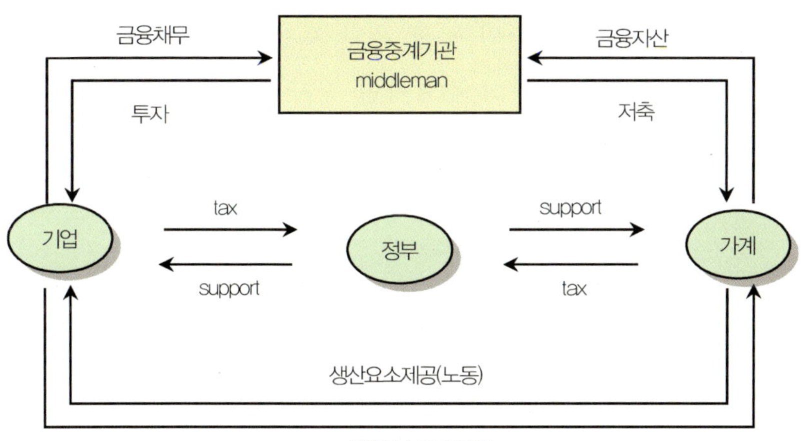

〈그림 1-3〉 주체와 금융중계기관(2)

2.2. 자금의 흐름

자금의 흐름이란 산업적인 유통과 금융적인 유통으로 나누어 생각할 수 있다.

1) 산업적 유통(industrial circulation) - 거래대상이 재화(goods)나 서비스(service) 등과 같은 실물자산의 유통을 의미한다.

2) 금융적 유통(financial circulation) - 거래대상이 유가증권(금융자

산)을 거래대상으로 하는 금융자산의 유통을 의미한다. 금융적 유통은 자금의 실질적인 이동인 경우와 금융자산끼리의 교환인 경우가 있을 수 있다.

① 실질적인 이동

금융적인 유통은 자금의 공급 측인 흑자지출단위(SSU: Surplus Spending Unit)에서 자금의 수요자인 적자지출단위(DSU: Deficit Spending Unit)로 자금의 실질적인 이동이 이루어질 수도 있다.

② 금융자산의 교환

금융자산끼리의 교환으로 자금의 실질적인 이동이 이루어지지 않는 경우도 있다.

2.3. 금융자산(financial asset)의 분류

금융자산은 여러 가지의 관점에서 분류가 가능하다. 우선 아래의 5가지의 관점에서 금융자산을 분류하여 보기로 하자.

1) 환금성(cashability)

① 결제자산(settlement asset) – 통화
② 투자자산(investment asset) – 투자되는 자산
   (예) 증권(securites) – 주식, 채권

2) 위험(risk)

① 위험자산(**risky asset**) – 증권
② 무위험자산(**riskless asset**) – 예금

3) 성격(characteristics)

① 신용시장(**credit market**)에서 유통 – 예금, 보험
② 증권시장(**security market**)에서 유통 – 증권(주식, 채권)

4) 만기(maturity)

① 장기(**long term**)

② 단기(short term)

5) 표시통화(currency)

① 외화(foreign currency)
② 방화(domestic currency)

3. 금융시장의 종류

3.1. 금융시장의 종류

1) 유통경로기준

① 직접금융시장(direct financial market)
- 본원적 증권(primary securities): 증권(주식, 채권)

② 간접금융시장
- 본원적 증권을 바탕으로 금융기관이 수익증권, 예금증서, 보험 증서와 같은 간접증권을 발행하여 최종 자금수요자에게 자금이 공급되도록 하는 시장

☞ 쉬어가기 ☜

간접금융시장이 존재하기 위해서 존재의 이유가 요구된다.
간접금융시장의 존재이유 또는 간접금융시장이 직접금융시장에 비해 갖는 강점은 무엇인가?

① 규모의 경제(economies of scale) 실현 - 직접금융에 비해 정보비용이나 거래비용의 절감을 들 수 있다.
② 금융산업의 기술혁신, 증권화로 직접금융의 단점을 보완

2) 자금유통의 형태기준

① 신용시장(credit market): 당사자 간의 계약형태
② 증권시장(security market): 증권자산

3) 자금유통의 기간

① 화폐시장(money market)
(예) MMF(money market funds), MMDA(money market deposit account)

② 자본시장(capital market)
(예) 주식, 채권

4) 거래통화기준

① 방화시장(domestic market)
② 외환시장(foreign exchange market)

3.2. 금융수단의 발전과정

(대차대조표의 금융시장적 해석)

유동 자산 비유동 자산	유동 부채 비유동 부채 자기 자본

〈그림 1-4〉 대차대조표

① 차변(유동자산)→투자(investing)

② 대변(유동부채, 비유동부채, 자기자본)→자금조달(financing)

③ 유동자산→재고자산금융(팩토링, 어음할인)

④ 비유동자산→리스(leasing)

⑤ 유동부채, 비유동부채→금융시장(일반차입, CP: 기업어음)

⑥ 자기자본→자본시장(주식, 채권), 벤처캐피탈

☞ 쉬어가기: 부자편 **2** ☜

부자에 대해 깊이 알아보자.

1) 부자들의 소득주머니[5]
   임대수입, 사업소득, 근로소득, 이자소득

2) 부자들이 가장 싫어하는 단어[6]
   '낭비'

---

5) 출처: 임태순 저, 핵심재테크, 이담북스, 2010, part Ⅰ. 부자폴더, p.25 참조.
6) 출처: 임태순 저, 핵심재테크, 이담북스, 2010, part Ⅰ. 부자폴더, p.33 참조.

단기금융상품 특징 비교

〈표 1-1〉 단기금융상품 비교

구분	MMF	MMDA	RP
원금보장	안 됨	보장됨	안 됨
금리유형	실적 배당	확정금리	확정금리
취급기관	은행, 증권사	은행	은행, 증권사
특징	수시입출금 가능 출금 1-2일 소요	수시입출금 가능	수시입출금 가능
최소가입금액	없음	1,000만 원 이상	없음
수익투자처	국공채 및 회사채	운영수익	운영수익

부자나라와 가난한 나라의 임무교대가 일어나고 있다. 어떤 내용일까?

부자나라와 가난한 나라가 바뀌고 있다.[7]

작년부터 베이징 국제공항 귀빈실은 발 디딜 틈이 없다. 해외 출장을 가는 중국 고위 인사도 늘었지만, 세계 최대 외환 보유국으로 부상한 중국에 투자나 차관을 요청하기 위해 방문하는 외국 사절이 줄을 잇기 때문이다.

국가 부도사태에 직면한 그리스 고위 당국자도 얼마 전 베이징을 다녀갔지만, 중국 당국이 난색을 표명하는 바람에 빈손으로 돌아갔다. 세계 최대 큰손으로 부상한 중국에 자금 지원을 부탁하는 나라는 아직 아프리카·남미 등 후진국이 대부분이지만, 조만간 과도한 정부 빚에 휘청대는 선진국 각료들도 베이징공항 귀빈실 출입이 잦아질 것으로 보인다.

2007년 시작된 금융위기는 부자 나라와 가난한 나라의 통념을 완전히 바꾸고 있다. 금융시스템의 붕괴를 막고자 대규모 공적 자금을 투입한 G7 국가의 국내총생산(GDP) 대비 정부 부채는 2008년 89%에서 2014년 119% 수준으로 급증할 것으로 예상된다.

반면 일본을 제외한 아시아 국가들의 GDP 대비 정부 부채는 2008년 35%에서 2014년 32%로 개선될 것으로 추정된다. 경기 부양을 위한 적극적 재정 집행에도 불구하고 말이다.

일본은 GDP 대비 정부부채가 86%였던 15년 전부터 부채가 과도하다는 경고를 받아왔다. 하지만 막상 경제정책은 정치 논리에 휘둘

---

7) 출처: 조선일보(2010. 3. 20.) 기사에서 발췌.

려 재정적자가 줄어들기는커녕 더 급증해 이 비율이 유례없는 227% 수준까지 급증했다. 최근 국제 신용평가사들이 앞다투어 일본 국가 신용등급을 최상급에서 하향시킬 수 있음을 경고하고 나선 것도 무리가 아니다.

국제금융시장에서 '달러 폭락'은 자주 언급되는 단골 메뉴지만, 미국 연방정부의 재정상황이 일본보다는 양호하다. 작년에 GDP 대비 10%의 재정적자, 올해 8%의 적자를 기록해도 누적 재정적자는 GDP의 84% 수준이다.

물론 월가의 비관론자들은 미국이 일본처럼 저성장의 함정에 빠지면 금리가 폭등하고 국가 채무는 걷잡을 수 없이 증가할 수 있다고 경고한다. 굳이 비관론자의 전망을 인용하지 않아도 경제 회복이 완만한 수준에 머문다면 3~4년 후 미국 연방정부의 채무가 GDP의 100%를 넘어 위험 영역에 들어갈 것이다.

[퀴즈 문제]

* 아래의 내용이 맞으면 T, 틀리면 F를 빈칸에 표시하시오.

1. 금융적인 유통은 자금의 공급 측인 흑자지출단위(SSU: Surplus Spending Unit)에서 자금의 수요자인 적자지출단위(DSU: Deficit Spending Unit)로 자금의 실질적인 이동이 이루어질 수도 있고, 금융자산끼리의 교환으로 자금의 실질적인 이동이 이루어지지 않는 경우도 있다. (   )

2. 경화(hard currency)란 환전이 용이한 통화로서 예를 들면 미국

의 달러($), 유럽의 유로화, 영국의 파운드화, 일본의 엔화 등을 말한다. (   )

3. 대차대조표상에서 대변이 자금조달(financing)과 관련된 사항이라면, 차변(특히, 유동자산)은 투자(investing)와 관련된 사항이라고 볼 수 있다. (   )

[정답] 1. (T) 2. (T) 3. (T)

[용어정리]

① 롱포지션(long position): 매입 포지션
② 숏포지션(short position): 매도 포지션
③ 경화(hard currency): 환전이 용이한 통화 (예) $, FF, ¥, £, Lit
④ 연화(soft currency): 환전이 용이하지 않은 통화
   (예) 소말리아, 콩고, 스리랑카 화폐

[참고문헌]

강병호, 금융제도론, 박영사, 1998.
공재식 · 류근옥 · 박영규, 종합금융의 이해, 문영사, 2001.
김영진, 금융기관경영, 경문사, 1997.
남명수 · 김대호, 신 경영분석, 삼영사, 1997.
남명수 · 임태순, 재무관리의 이해, 법문사, 2007.
이요섭, 금융시장의 이해, 연암사, 2009.

임태순, 경영학원론, 한국학술정보(주), 2010.
임태순, 핵심재테크, 이담북스, 2010.
조선일보, 2010. 3. 20. 기사내용.

제2장 금융시장(Ⅱ)

[학습목표]

1. 지난주의 강의를 바탕으로 우리나라 금융시장을 분류하여 보고, 아울러 우리나라 금융기관의 종류에 대해 알아보는 시간을 갖는다.
2. 우리나라 금융기관의 감독체계에 대해 알아보고 금융시장의 효율성에 대해 논의해 본다.
3. 금융기관의 기능과 금융기관의 경영원칙에 대해 알아본다.

1. 국내 금융시장

☞ 함께 생각해 보자 ☜

(질의) 일정한 금리로 원금의 두 배가 되려면 몇 년이나 걸리는지 알고 있는가?[8]

"72rule" 에 그 답이 있다.

예) 6%일 경우: 72÷6＝12(년)

1.1. 금융제도의 역사적 발전

1) 고려시대

① 보(寶): 기본재산을 설립하여 그 운용에 의해 이식을 획득하여 영속적으로 운영하던 제도로서 예를 들면 불교사원 등에서 그 제도를 찾아볼 수 있는 이익사회(Gesellschaft)적인 면을 가지고 있다.
② 장생고(庫): 보와 유사하며 자금대여를 하여 재산을 증식하던 방식으로 이익사회(Gesellschaft)적인 면을 가지고 있다.
③ 계(契): 공동사회(Gemeinschaft)적인 성격을 지닌다.

2) 조선시대

① 객주(여각): 도매, 창고, 운송 위탁업의 성격과 숙박업, 그리고 금융업이 종합된 오늘날의 종합금융업에 해당한다고 할 수 있다.
② 개성의 시변(時邊)제도: 대금업
③ 외획(차인): 세금을 국고에 납부하기 전에 상인에게 대부하고 후일 납입하게 하던 제도
④ 계, 전당포
⑤ 강화도조약(1876)으로 일본제일국립은행 부산지점 설립(최초의 근대적 은행)

---

8) 출처: 임태순, 핵심재테크, 이담북스, 2010, p.87.

3) 해방 후[9]

① 1950년 6월 한국은행 창립, 1954년 산업은행 창립
② 1960년대: 국민은행, 1967년 외환은행, 1969년 주택은행 등 특
   수은행 설립
③ 1970년대: 사금융양성화법(단기금융업법, 상호신용금고법, 신협
   법 등)
④ 1980년대: 시중은행의 민영화, 5개 시중은행, 12개 투금사, 58개
   신용금고 등 금융기관이 추가적으로 설립

1.2. 국내금융시장의 분류

1) 단기금융시장(화폐시장)

① 콜시장
② 기업어음(CP)시장
③ 양도성 예금증서(CD)시장
④ 환매조건부채권매매(RP)시장
⑤ 통화안정증권시장
⑥ 표지어음시장

---

9) 참고: 본서 부록 1. 우리나라 금융시장의 역사.

2) 장기금융시장(자본시장)

① 주식시장
  ⓐ 발행시장
  ⓑ 유통시장

② 채권시장
  ⓐ 발행시장
  ⓑ 유통시장

3) 외환시장

① 대고객 외환시장
② 은행 간 외환시장

4) 파생금융상품시장

① 주가지수선물시장
② 주가지수옵션시장
③ 선물환시장

1.3. 국내 금융기관의 종류

국내금융기관의 종류는 아래와 같다.[10]

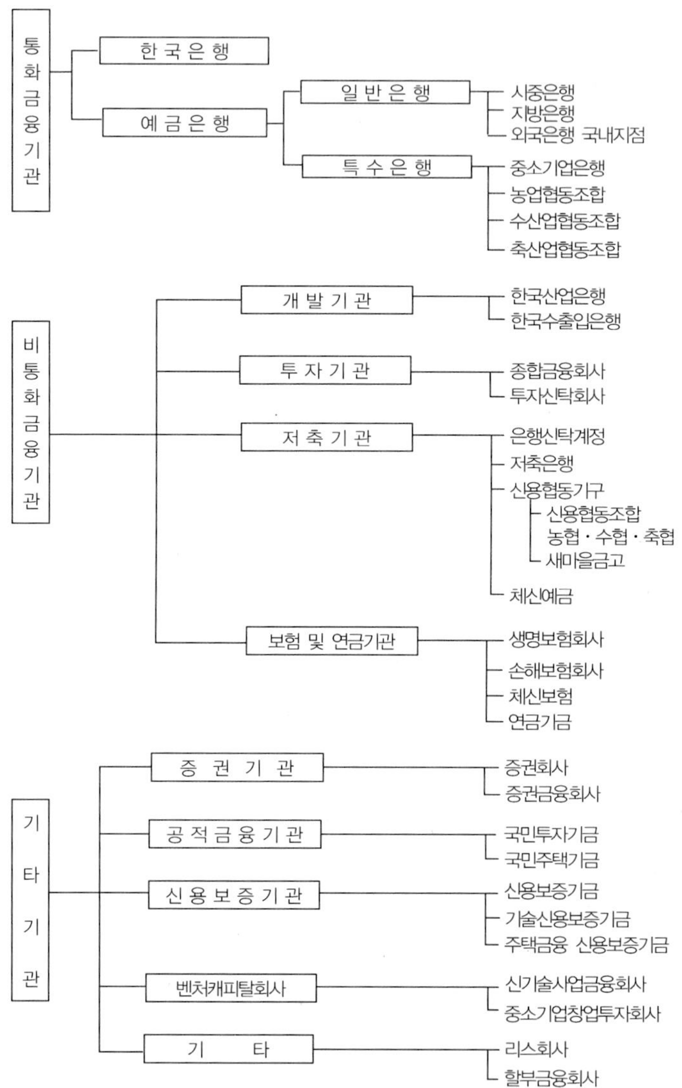

---

10) 출처: 종합금융의 이해, 문영사.

2. 국내금융기관의 감독체계/시장의 효율성

☞ <u>금융기관탐방</u> [JP Morgan]

- Wall street 지각변동으로 랭킹 1위에 급부상한 JP 모간[11]
- 200년의 역사, 지구상 100여 국에 진출

(JP Morgan HQ, Wall street 60th)

▷ 2000년 체이스 맨해튼과 **JP** 모간 합병

▷ 2008년 **JP** 모간 체이스가 베어스턴스 인수

---

11) 이미지출처: 구글.

2.1. 국내금융기관의 감독체계

① 감사원

감사원은 금융감독위원회 및 정부출자, 출연기관에 대한 감사권

예) 한국산업은행, 중소기업은행, 수출입은행 등

② 기획재정부

법령의 제정, 개정권을 가지고 산업은행, 수출입은행, 중소기업은행 임원의 임면(任免) 및 정관승인 등 감독권

③ 금융감독위원회 및 금융감독원

금융기관의 건전성 확보 및 공정한 시장질서 확립을 통한 금융소비자의 보호를 목적으로 설립된 '포괄적인 감독기관'으로 정부투자금융기관(예: 한국산업은행, 수출입은행)을 제외한 금융기관에 대한 감독권을 갖는다.

④ 한국은행

한국은행은 금융기관에 대한 자료 제출 요구권

⑤ 예금보험공사

예금자 보호법에 따라 설립된 준정부기관으로 자본시장과 금융투자업에 관한 법률(일명 '자통법') 시행 이후 금융기관에 대한 예금보호를 담당한다.

금융감독위원회나 금융감독원에 대해 금융기관에 대한 검사나 파

산선고를 요청할 수 있고, 재무구조 취약 금융기관에 출자, 출연을
통해 자금을 지원한다.

⑥ 증권선물위원회

증권, 선물업무에 대한 감독을 담당하며, 내부자 거래, 시세조정과
같은 불공정거래에 대한 조사를 담당한다.

2.2. 시장의 효율성

1) 완전자본시장(perfect capital market)

① 시장에 대한 자유로운 진입(free entry)→배분효율성
② 정보비용이 없음(no informational cost)→정보효율성
③ 거래비용이 없음(no transaction cost)→운영효율성
④ 세금이 없음(no tax)→운영효율성

즉 <u>완전자본시장이란 배분효율성, 정보효율성, 운영효율성이 충족</u>

<u>된 상태를 의미한다.</u>

2) 효율적인 시장(efficient market)

완전자본시장보다 가정이 완화된 상태로 정보의 효율성만 충족된 상태

결론적으로 살펴보면 효율적인 시장이란 정도(degree)와 깊이(depth)에 있어서 완전자본시장의 가정이 많이 완화(loose)된 상태를 의미한다.

3. 금융기관의 기능/금융기관의 경영원칙

3.1. 금융기관의 기능

1) 브로커 기능(broker function)

① 판매자와 구매자를 연결하는 중매자(match maker)
　　→ 결과적으로 거래비용을 줄이는 효과
② 수입은 수수료(commission)

2) 자산변환기능

① 금융기관은 금액변환, 만기변환, 위험변환의 기능을 수행한다.
② 고객의 **needs**에 맞는 맞춤형 서비스 기능

3) 결제수단 창출기능

① 화폐, 수표, 어음, 카드, 세좌이제 등.
② 온라인 결재수단(EFTS: Electronic fund transfer system) 증대
  - home banking
  - pc banking
  - mobile banking

3.2. 금융기관의 경영원칙

1) 수익성(profitability)

국경 없는 경쟁과 업종 간의 영역붕괴에 따른 수익성 위주의 영업
치중 원칙

2) 유동성(liquidity)

현금인출요구에 부응할 수 있는 능력을 중시하는 원칙

☞ 쉬어가기 ☜

▷ 1997년 12월 IMF의 사례와 유동성 부족
   ⇒ 기술적인 유동성 부족 사례
   ⇒ 은행 업무에서 ALM(Asset - Liability Management: 자산부채종합
   관리) 중시
   ⇒ 손안의 새(Bird in Hand)

▷ 2008년 하반기 글로벌 금융위기와 유동성 부족
   ⇒ 리먼브라더스 사태(서브프라임 모기지 사태로 발생)
   ⇒ 유동성 부족을 글로벌국가 간의 정책공조로 해결 노력(금리↓)
   ⇒ 손안의 새(Bird in Hand)

3) 안전성(safety)

① 공신력 유지를 위한 자금 지급능력

② 금융기관의 지급불능은 금리위험, 신용위험, 시장위험으로부터
온다.
　ⓐ 금리위험 – 자산, 부채가 불일치할 경우 이자율 변동에 따른
　　 손실
　ⓑ 신용위험 – 고객의 신용이상으로 발생되며 평소 고객의 신
　　 용을 높임으로써 방지가 가능하다.
　ⓒ 시장위험 – 자산, 부채, 파생상품거래에 따른 위험.

4) 공공성(publicity)

① 완전경쟁하에서 자원배분의 효율성을 달성해야 하며 그렇지 못
할 경우에 시장실패(**market failure**)가 발생할 수 있다.
금융기관은 이러한 공공성을 깊이 인식하고 시장실패를 방지해
야 할 공공적인 기능을 갖는다.

> ☞ 함께 생각해 보자 ☜
>
> 시장실패의 원인은 어떤 것이 있으며 방지책은 무엇이 있을까?

미국의 서브프라임 모기지(sub-prime mortgage) 사태에 대한 단상

글로벌 금융위기(2008년 말)를 촉발시킨 서브프라임 모기지 사태를 이해하기 위해서 우선 미국의 대출제도에 대한 이해가 필요하다. 미국의 주택대출(mortgage)은 신용도가 높은 계층을 상대로 대출하는 것을 프라임 모기지라고 하고 반대로 신용도가 낮은 계층을 상대로 주택대출을 하는 것을 서브프라임 모기지라고 한다. 모기지 업체들의 경쟁이 치열하다 보니, 업체들은 신용도가 낮은 사람들을 상대로 주택담보가격의 100%에 해당하는 금액을 대출해 주는 상황까지 연출하게 되었다. 방만한 영업의 결과, 대출금은 증가하게 되었고, 이런 대출에 힘입어 주택가격은 급속도로 상승하는 결과를 초래하게 되었는데, 어느 순간 대출금을 갚지 못하는 사람들이 증가하게 되자 부동산 시장이 흔들리기 시작하였다. 이는 꼬리를 물고 악순환을 연출하게 되는데, 부동산 시장의 하락은 결국 개인들의 파산이 증가하게 되었고, 모기지업체들의 파산과 은행들의 파산은 전염효과를 통하여 마침내 글로벌 금융위기까지 내몰리게 되었다.

세계 주요 금융기관의 판도 변화

글로벌 금융위기(2008년 말)는 세계 주요 금융기관의 판도를 바꿔
놓는 계기가 되었다. 1999년과 비교하여 2009년에는 중국은행의 선
전이 확연하게 드러나고 있다. 특히 국가별 시가총액의 관점에서 미
국 은행의 축소된 몸짓과 상반되게 몸짓이 불어난 중국과 캐나다 은
행의 모습을 비교하여 볼 수 있다.12)

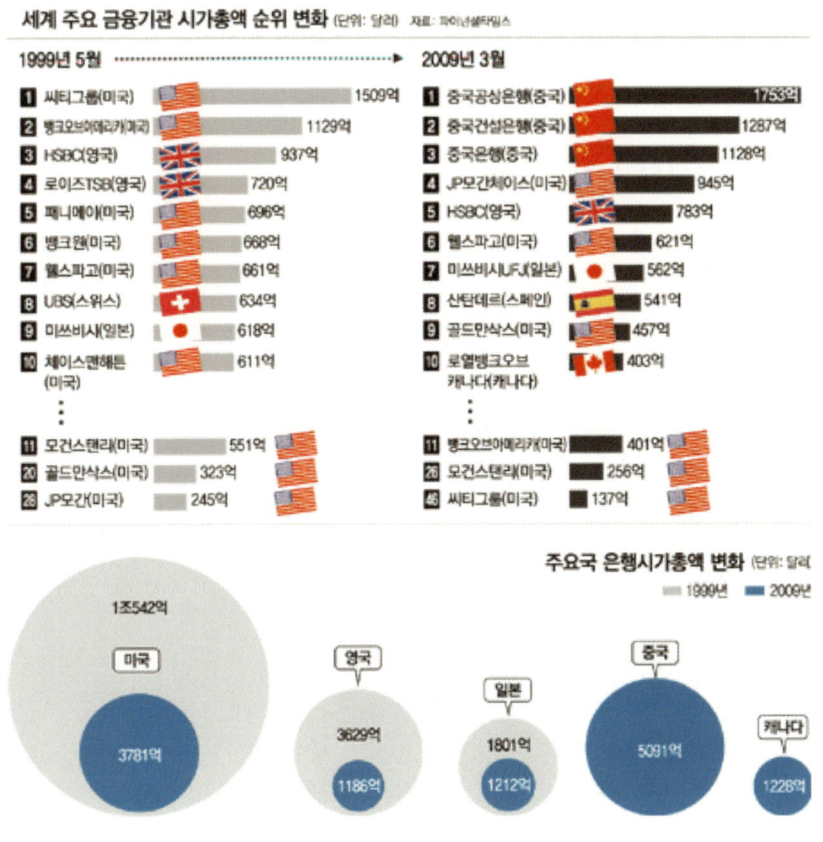

12) 출처: '글로벌 금융위기 이후 글로벌 금융권력 교체', 동아일보, 2009년 3월 24일자.

[퀴즈 문제]

* 아래의 내용이 맞으면 T, 틀리면 F를 빈칸에 표시하시오.
1. 금융기관의 경영원칙은 수익성, 유동성, 안전성, 공공성의 원칙을 가진다. (   )
2. 딜러와 브로커의 차이는 자기포지션을 가지고 있는가의 유무에 따라 구별될 수 있다. (   )
3. 완전자본시장이란 배분효율성, 정보효율성, 운영효율성이 충족된 상태를 의미한다. (   )

[정답] 1. (T) 2. (T) 3. (T)

[용어정리]

① ALM(Asset Liability Management): 자산부채종합관리
② 딜러(dealer): 자기포지션(position)이 있음, 수입은 매매차익(spread)
③ 브로커(broker): 자기포지션(position)이 없음, 수입은 수수료(commission)

[참고문헌]

강병호, 금융제도론, 박영사, 1998.

공재식·류근옥·박영규, 종합금융의 이해, 문영사, 2001.

김영진, 금융기관경영, 경문사, 1997.

남명수·김대호, 신 경영분석, 삼영사, 1997.

남명수·임태순, 재무관리의 이해, 법문사, 2007.

보험경영연구회, 보험과 위험관리, 문영사, 1999.

이요섭, 금융시장의 이해, 연암사, 2009.

임태순, 경영학원론, 한국학술정보(주), 2010.

임태순, 핵심재테크, 이담북스, 2010.

이미지 참조: 구글

그림 참조: 동아일보, 2009년 3월 24일자 기사.

제2편

금융시장의 발달

- 제3장 금융제도(시장)의 발달
- 제4장 사이버금융

제3장 금융제도(시장)의 발달

[학습목표]

1. 금융제도의 발달과성을 주요 국가별 기업과 은행과의 관계를 정리해 보고 이해해 봄으로써, 각 나라 금융제도의 발달 과정을 살펴본다.
2. 겸업화(종합금융화)의 진행에 대해 살펴본다.
3. 겸업화(종합금융화)의 효과에 대한 분석을 해 본다.

1. 금융제도의 발전과정

☞ 함께 생각해 보자 ☜

'방카슈랑스(bancassurance)' 란 무엇인가?

방카슈랑스란 은행(bank)과 보험(assurance)의 프랑스식 표현의 합성어이다. 독일의 Allfinanz와 동일한 개념으로 은행이 보험을 안은 상태로 은행이 핵심업무(core business)이고 보험이 부수적인 업무인 상태를 의미하며, 비슷한 겸업의 형태로 이탈리아식의 'Assurbanking'이 있다. 이것은 방카슈랑스와 같이 겸업의 형태란 점에서는 동일하나 보험사가 은행을 운영한다는 차이점을 가진다.

1.1. 금융제도의 종류

1) 전문은행(specialized banking) 제도

① 전문은행 제도는 개념적으로 소수의 특정업무에만 전념하는 형
태의 은행제도를 의미한다.

② 은행, 증권, 보험, 신탁 등을 업종별 핵심업무(core business)라
할 때 이 중의 하나인 은행업무만을 주된 업무로 하는 제도를
의미한다.

③ 전통적으로 미국, 영국, 일본, 한국이 채택하였던 은행제도이다.

2) 겸업은행(universal banking) 제도

① 겸업은행 제도는 개념적으로 금융의 업무영역 중에서 핵심업무
(core business)에 주력을 하고 금융의 다른 영역을 주변업무로
취급하는 형태의 은행제도이다.

② 전통적으로 독일, 이탈리아, 프랑스 등 유럽의 국가들이 취택했
던 제도였으나, 치열한 금융시장의 경쟁으로 말미암아 최근에
는 겸업은행제도가 대세적인 추세이다.

1.2. 주요 국가의 금융제도 발달

1) 미국

① 영국과 더불어 자본시장에 기초한 시장중심형인 미국은 정부주
도보다 민간기업이 중심이 되어서 산업화가 진행되었다.

② 1930년대 대공황의 여파로 금융제도의 안정성 확보를 위해 은
행업무와 증권업무의 분리를 골자로 하는 은행법(Glass – Stegall
Act: 1933)이 통과되었다.

③ 1998년 미국의 최대은행인 시티뱅크(citibank)와 트래블러스
(travelers Group) 보험그룹이 합병을 하였다.

④ 1999년 미국은 새로운 금융개혁법(financial service modernization
act)이 통과됨으로써 오랫동안 지속되던 전문은행제도의 관행
을 버리고 겸업주의를 지향하게 되었다.

2) 영국

① 영국은 산업혁명으로 산업자본이 축적되어 기업들은 은행에 의
존할 필요성을 느끼지 못하는 관습에 의한 분업체제였다.
② 영국의 금융제도의 획기적인 사건은 유럽의 통합에 대비하고
런던을 국제금융센터로서의 지위를 확보하기 위하여 1986년에
단행된 런던증권시장의 빅뱅(big-bang)으로, 결과적으로 겸업
은행으로의 급속한 발전을 가져왔다.

3) 일본

① 일본은 분업주의에 기초를 두고 출발하였다.
② 2차 세계대전 후 은행과 증권업무가 분리되는 미국의 금융제도
가 도입되었다.
 * 심화학습: 메이지 유신 이후 가족소유의 10개의 재벌(Zaibatsu)
은 해체되고 6개의 계열(Keiretsu)형태의 대기업집단이 탄생되
고 이들은 주거래은행들과 밀접하게 연결되는 주거래은행제도
(main-bank system)를 유지하였다.
③ 전후, 일본은 국가개입에 의한 산업화를 정부주도로 강력하게
시행하였으며, 부족한 자본축적으로 자금의 공급은 주로 은행
이 담당하게 되었다.
④ 1990년대 말의 동남아 금융위기 상황과 일본경제의 거품이 꺼
지면서 금융부실화가 가속화되어 은행 간의 합병이 진행되었
고, 유럽식 겸업의 형태를 취하고 있다.
 * 심화학습: 미즈호의 탄생

4) 독일

① 일본과 마찬가지로 그룹기업의 중심에 주거래은행(hause bank)
   이 있다.
② 최근 들어 독일도 일본의 경우와 같이 주거래은행과 기업과의
   결속력이 약해지며, 금융의 국제화로 기업의 교섭능력이 강화
   되는 특징이 있고 겸업주의를 지향하고 있다.

5) 한국

① 한국의 경제개발과 맥을 같이하여 전후의 부족한 재원을 할당
   하기 위해 정부주도의 경제에서 은행의 역할이 증대되었다.
② 수출정책우선을 위해 규모의 경제를 실현할 수 있는 '재벌'이
   대두하였고, 과거 고도의 경제성장을 이룩하는 데 많은 공헌을
   한 것이 사실이나 후일, 경제력의 집중현상을 가져온 계기도
   된다.
③ IMF를 겪으면서 두 차례에 걸쳐서 부실화된 금융산업의 퇴출
   과 합병을 경험하였고, 겸업주의를 지향하고 있다.
④ 2009년 2월부터 자본시장통합법이 시행되었다. 따라서 금융시
   장은 은행, 보험, 사본시장의 3대 축으로 나아가며 자본시장은
   증권, 선물, 종합금융자산 운용, 신탁업 등의 관련 업종 간의
   장벽이 없어지고 대형 금융투자회사의 설립이 가능하다.
 * 심화학습: 자본시장통합법 이후 금융시장 권역변화

2009년 2월 자본시장통합법 시행 이후 금융산업의 권역은 종전의

여러 영역으로 남아 있던 종금사, 증권사, 선물회사, 자산운용사, 신탁회사 등이 금융투자회사로 통합되면서 기존의 8개 권역에서 4개 권역으로 단순화되었다.

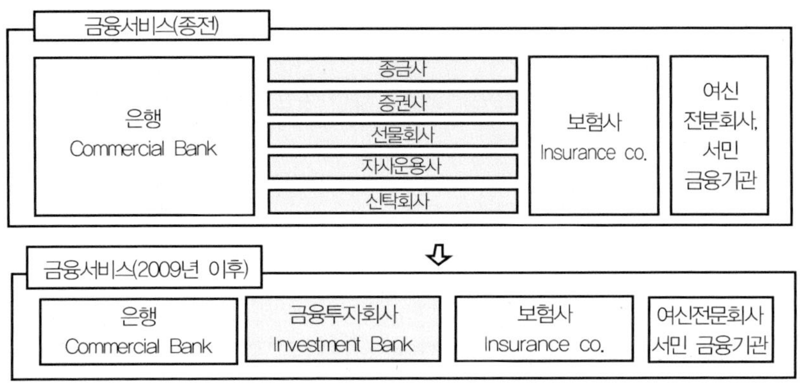

〈그림 3-1〉 금융시장 권역변화13)

2. 겸업화의 진행

2.1. 사회경제적 요인

1) 인구 통계적 변화

평균수명의 증가와 고령화, 인구성장률의 둔화 등의 변화로 인하여 소비자들의 **needs** 변화에 따른 금융기관의 고객만족을 위한 경쟁

---

13) 출처: 이요섭, 금융시장의 이해, 연암사, 2009, p.177.

력 있는 상품의 개발필요성이 대두됨.

　⇨ 경쟁력 강화를 위한 업종 간의 상호결합 및 제휴의 필요성이
　　대두됨

　⇨ 금융상품의 퓨전화(주가지수연동상품 등……)

2) 개인의 저축형태 변화

실질저축률의 저하로 인한 개인의 저축률의 동기가 저하됨으로써
한정된 시장에 대한 치열한 점유율 경쟁이 시작됨.

3) 직접금융시장의 발달

직접금융시장의 발달로 인하여 소비자들이 간접형태의 금융시장
에서 직접형태로 전환됨으로써 금융중계기관의 입지가 줄어듦.

　예) 계열은행의 탄생, HTS(home trading system), MTS(mobile trading
　　system)를 통한 주식투자로 은행에서 자금의 이탈 등

4) 금융시장의 국제화와 세계화

금융시장의 국제화와 세계화에 따른 보다 효율적인 상품이 요구됨.

　⇒ 범위의 경제(economies of scope)와 규모의 경제(economies
　　of scale) 실현

5) 정보통신기술의 발달

정보통신기술의 발달로 정보 교환이 향상되고, 효율적인 거래를

증대시키는 시장의 효율성이 증대되어 이에 부응하는 금융상품이 요
구됨.

2.2. 산업분야별 요인

1) 은행산업의 겸업화(종합금융화) 요인

① 저축률의 감소로 예금수입이 감소, 예금유치비용증대에 따른
새로운 시장의 개척이 요구됨
② 기존의 넓은 점포망을 이용하여 고객에게 금융백화점(one stop
shopping)을 제공함으로써 비용절감의 시너지효과 및 고객만족
의 실현
③ 보험과 증권상품의 판매로 인한 판매수수료 수익을 통한 영업
이익의 개선효과 기대

2) 보험회사의 겸업화(종합금융화) 요인

① 은행업종이 보험시장의 침투에 따른 방어적 대응전략 차원에서
의 은행시장의 공략 및 경쟁력 확보를 위한 결합시도
② 적극적인 대응전략차원에서 넓게 퍼져 있는 은행의 점포망을
이용하여 비용을 절감할 수 있는 간단하고 단순한 상품을 전
달하는 판매전략 시도

2.3. 겸업화(종합금융화)의 진행

① 완전통합방식
　▷ 장점: 모든 자원을 공유할 수 있음
　▷ 단점: 금융 건전 경영을 저해할 소지가 존재, 위험의 파급효과
　　　(spill-over of risks) 존재 가능성

② 종합은행방식
독일의 종합은행(universal bank) 방식으로 은행, 증권은 본체에서
남당하고 보험 등 기타 업무는 자회사에서 처리

③ 자회사(subsidiaries) 방식
이종업무는 자회사를 통해 처리하는 방식으로 완전통합보다는 경
영, 자본, 인적 자원이 분리된 자회사 방식을 선택하는 경우
예) 과거 은행의 리스회사 등.

　▷ 장점: 자회사에 대한 유한책임으로 파급효과를 차단
　▷ 단점: 명예를 지키기 위해 자회사에 대한 투자 자본 이상의 책
　　　임을 부담할 수도 있고, 조직의 비대화로 영업의 효율성이 저
　　　하될 가능성이 있음

④ 기존기업의 인수 및 지분참여
자회사 방식보다는 이미 구축된 금융의 전문지식, 인적 자원, 고객
등을 빨리 흡수하는 장점을 가지고 있으며 인수가 불가능할 경우에
는 지분참여를 통하여 진출

▷ 장점: 금융지식, 인적 자원, 고객을 통한 단기간의 경쟁력 확보

▷ 단점: 정보의 비대칭으로 피인수 기업의 문제성 파악의 실패
　　　가능성, 인수비용의 과다 가능성

⑤ 지주회사의 설립

지주회사(holding company)를 통하여 관계된 다른 분야의 금융기관
이 간접적으로 종합화 관계를 형성하는 것으로 미국(1999년), 일본
(1998년)은 이 방식을 도입하기 위한 토대를 2000년 이전에 마련하
였다. 우리나라는 2002년 10월 금융지주회사법을 시행하게 되어 지
주회사 설립이 가능하게 되었다.

⑥ 판매제휴

금융상품의 판매에 관해서는 제휴가 이루어진 상태

▷ 장점: 타 기관의 영업망 이용, 영업 수익 증대

▷ 단점: 개발상품 판매에 대한 판매사에 대가 지불

☞ 쉬어가기 - 부자편 3 ☜

부자가 되기 위한 준비

1) 상상훈련14)
　　이미지 훈련(image training) 예) 운동선수 - 이원희('한판승의 사나이')
2) 관련 정보수집 - 벤치마킹15)
3) 꾸준한 실천: 실천⇨습관⇨철학16)

---

3. 겸업화의 효과분석

3.1. 겸업화의 긍정적 효과

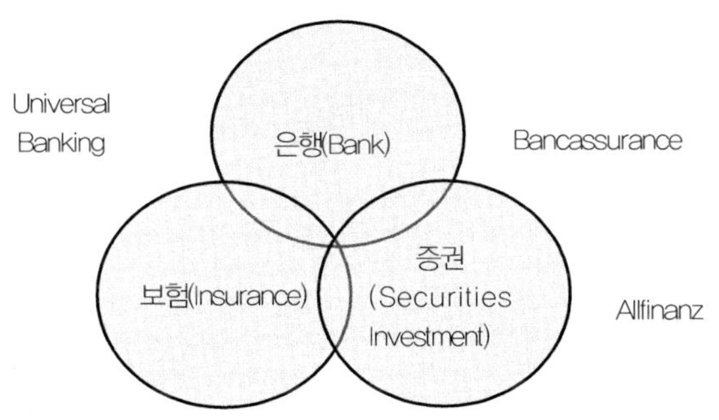

결합의 기대 효과
· 범위의 경제와 시너지 효과
· 규모의 경제와 평균생산비용의 향상
· One Stop Shopping Service와 고객편의 향상
· 업무의 다각화와 경영위험분산
· 중첩된 업무(군살)제거의 기회와 조직의 효율화 증대

〈그림 3-2〉 겸업화의 효과[17]

1) 규모의 경제와 범위의 경제를 통한 시너지 효과 대형화를 통한 규모의 경제와 범위의 경제를 통한 판매 시너지 효과를 제고할 수 있다.

---

14) 출처: 임태순 저, 핵심재테크, 이담북스, 2010, part Ⅰ. 부자폴더 참조, p.48.
15) 출처: 임태순 저, 핵심재테크, 이담북스, 2010, part Ⅰ. 부자폴더 참조, p.49.
16) 출처: 임태순 저, 핵심재테크, 이담북스, 2010, part Ⅰ. 부자폴더 참조, p.49.
17) 출처: 종합금융의 이해, 문영사, p.42.

2) 경쟁촉진

업무영역의 철폐로 인한 치열한 경쟁이 촉진되어 금융산업의 효율성을 유발시킴으로써 금융산업의 발전과 비용을 절감시킬 수 있다. 또한 경쟁력을 확보하기 위하여 중첩된 업무(군살)제거의 기회와 조직의 효율화 증대를 기할 수 있다.

3) 금융기관 업무영역의 다양화로 경영위험을 분산

다양한 포트폴리오를 구성할 수 있는 업무영역의 다양화를 통하여 경영의 안정성, 건전성을 증대시킬 수 있다.

4) 금융상품의 백화점서비스(one‒stop shopping services) 수요자의

needs를 충족시키고, 고객만족을 실현할 수 있는 금융서비스의 제공과 아울러 다양한 상품개발을 가능케 한다.

3.2. 겸업화의 부정적인 효과

1) 시장지배력의 집중과 남용

금융기관의 대형화에 따른 시장 지배력의 집중(concentration of power) 가능성과 권한의 남용으로 인하여 시장의 효율적인 기능을 저해할 수 있다.

예) 할인매장의 case와 연계시켜 봄

⇒ 국경을 넘나드는(cross-border) 통한 세계시장의 단일화의 관점
  에서는 대형화가 유도됨.

2) 이익집단 간의 갈등

금융시장의 구조를 인위적으로 재편하는 경우에 여러 이익집단 간
의 갈등 발생 소지가 있다.

① 도덕적 해이(moral hazard) 발생 가능성
예) 은행의 불량채권을 대출고객에게 전가하는 행위 등
② 금융감독원
예) 증권, 금융, 보험감독원 구성원끼리의 융화의 어려움
③ 합병은행
예) 인수은행과 인수된 은행의 구성원 간의 갈등 가능성

3) 경영부실화의 전염위험

서로 다른 조직 간에 한 조직의 부실화나 유동성의 부족 등의 문
제가 금융그룹 전체에 연쇄적인 영향을 주어서 안정과 건전성을 저
해할 소지를 발생시킬 수 있다.

4) 조직의 복잡화와 투명성 저하

금융기관이 종합화되면 기업이 거대화되고 복잡해져서 조직과 영
업의 범위가 경영자에 의하여 통제되지 못하는 단점과 아울러서 투
명성이 저하되는 문제점을 야기할 수 있다.

5) 전문화가 가지는 이점의 붕괴

서비스의 질, 습득효과에 의한 기술축적 수준 등이 저하될 우려도 있다.

3.3. 예상되는 부정적인 효과에 대한 보완장치

1) 만리장성(chinese wall)

경영자가 관련 법규에 의하거나 운영의 편의상 성격이 다른 부서를 구분하는 경우를 분리벽 또는 만리장성이라고 한다. 주로 영국에서 이용하는 방식으로 미공개자료의 내부거래자 이용의 방지 등이 좋은 예이다.

2) 방화벽(fire wall)

미국에서 겸업화 이전에 사용하던 방식으로 이종업무의 이해상충 방지를 위해 금융영역 간에 방화벽을 설치하여 영업을 분리시켜, 한 영역의 부실이 타 영업에 전염되는 것을 방지하는 방법이다. 겸업화를 통한 시너지 효과의 증대라는 본연의 취지에 매우 소극적인 전략이다.

3) 직원의 직업윤리 강화

독일식 방식으로 시장에서의 금융사 직원에 대한 평판을 강화시킴
으로써 금융기관의 경쟁력을 강화시키는 전략이다.

4) 공시(disclosure)강화

기업공시를 강화하고 외부인에 의한 모니터링의 강화를 통하여 기
업의 거대화에 따른 조직의 복잡화와 투명성 저하를 방지하는 전략
이다.

차이나 금융의 부상에 대해 언급된 파이낸셜 뉴스의 기사 내용이다.

차이나 파워 세계금융장악[18)

파이낸셜타임스(FT)지가 최근 10년간 전 세계 금융산업의 판도 변화를 분석한 결과 금융권의 변방으로 취급받던 중국의 공상은행, 건설은행, 중국은행이 시가총액 기준으로 각각 1~3위를 차지하며 글로벌 금융시장의 선두주자로 떠올랐다.

지난 17일 현재 시가총액은 공상은행이 1,753억 달러, 건설은행이 1,287억 달러, 중국은행이 1,128억 달러 수준이다. 중국의 상업은행과 초상은행도 각각 12위(380억 달러)와 17위(310억 달러)에 올라 올해 시가총액 최상위 20개 은행 가운데 중국은행이 20%를 차지하는 기염을 토했다.

올해의 국가별 은행 시가총액 역시 중국이 5,091억 달러를 기록, 미국을 제치고 1위에 올라섰다. 지난 1999년 1조 542억 달러로 압도적인 1위를 차지했던 미국 은행의 시가총액은 올해 3,781억 달러로 곤두박질했다. 영국 은행의 시가총액 역시 같은 기간 3,629억 달러에서 1,186억 달러로 급감했다.

특히 1999년부터 2007년까지 세계 최대 은행 자리를 고수하며 시장을 좌지우지했던 미국 씨티그룹은 시가총액이 10년 새 1,509억 달

---

18) 출처: '차이나 파워 세계금융장악', 파이낸셜 뉴스, 2009. 3. 23. 기사내용.

러에서 137억 달러로 쪼그라들며 46위로 추락했다. 뱅크오브아메리카(BOA)도 1,129억 달러에서 401억 달러로 줄어 2위에서 11위로 주저앉았다.

영국은 홍콩상하이은행(HSBC)이 같은 기간 3위(937억 달러)에서 5위(738억 달러)로 상승해 상대적으로 선방했으나 로이즈뱅킹그룹이 4위에서 53위로 내려앉는 등 약세를 면치 못했다. 세계 은행업계의 이 같은 순위 변화는 단순히 서열 조정이란 의미를 넘어 글로벌 금융시장 질서가 미국발 금융위기를 계기로 재편되고 있음을 뜻하는 것이어서 주목된다.

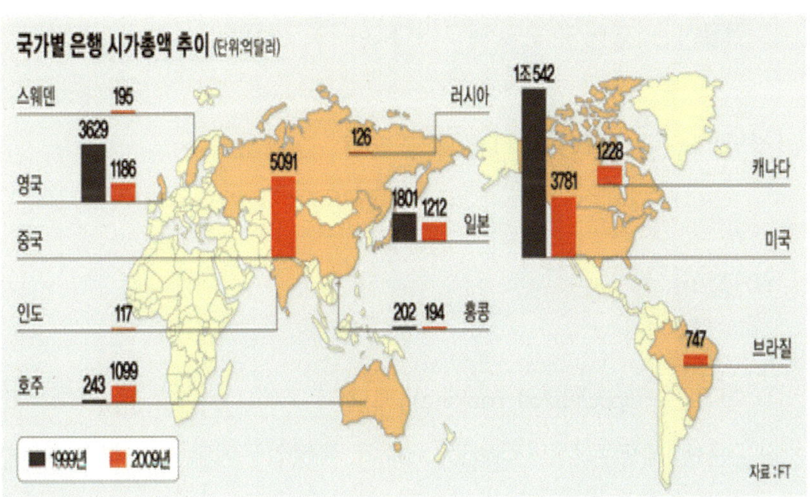

[퀴즈 문제]

* 아래의 내용이 맞으면 T, 틀리면 F를 빈칸에 써 넣으시오.

1. 방화벽이란 이종업무의 이해상충방지를 위해 금융영역 간에 방화벽을 설치하여 영업을 분리시켜, 한 영역의 부실이 타 영업에 전염되는 것을 방지하는 방법이다. (   )

2. 전문은행 제도는 개념적으로 소수의 특정업무에만 전념하는 형태의 은행제도를 의미한다. (   )

3. 겸업은행 제도는 개념적으로 금융의 업무영역 중에서 핵심업무(core business)에 주력을 하고 금융의 다른 영역을 주변업무로 취급하는 형태의 은행제도이다. (   )

[정답] 1. (T) 2. (T) 3. (T)

[용어정리]

① 전문은행(specialized banking) 제도

전문은행 제도는 개념적으로 소수의 특정업무에만 전념하는 형태의 은행제도로 은행, 증권, 보험, 신탁 등을 업종별 핵심업무(core business)라 할 때 이 중의 하나인 은행업무만을 주된 업무로 하는 제도를 의미한다.

② 겸업은행(universal banking) 제도

겸업은행 제도는 개념적으로 금융의 업무영역 중에서 핵심업무

(core business)에 주력을 하고 금융의 다른 영역을 주변업무로 취급하는 형태의 은행제도이다.

[참고문헌]

강병호, 금융제도론, 박영사, 1998.
공재식 · 류근옥 · 박영규, 종합금융의 이해, 문영사, 2001.
김영진, 금융기관경영, 경문사, 1997.
남명수 · 김대호, 신 경영분석, 삼영사, 1997.
남명수 · 임태순, 재무관리의 이해, 법문사, 2007.
보험경영연구회, 보험과 위험관리, 문영사, 1999.
이요섭, 금융시장의 이해, 연암사, 2009.
임태순, 핵심재테크, 이담북스, 2010.
파이낸셜 뉴스 기사내용, 2009. 3. 23.

제4장 사이버금융

[학습목표]

1. 정보통신기술의 발달에 따른 금융산업의 변화를 이해하고 사이버금융의 발전과정을 이해하는 시간을 갖는다.
2. 사이버금융의 진행과정을 금융산업의 주요한 업무영역별로 나누어서 논의한다.
3. 사이버금융의 미래에 대해 논의해 본다.

1. 사이버금융의 발전

☞ 함께 생각해 보자 ☜

'우리와 함께하는 사이버(cyber)시대'

정보통신기술(information and telecommunication)의 발달로 인한 우리 생활의 변화는 이전의 산업경제에서 볼 수 없었던 새로운 양상의 경제시스템을 탄생시켰고, 그중에서도 금융산업에 커다란 영향을 주면서 금융산업 전반에 새로운 변화를 주도하고 있다.

1.1. 금융산업의 변화에 대한 전망

1) 전면에 부각되는 사이버금융

① 사이버 금융의 초기형태에 해당하는 ATM(automatic teller machine: 자동현금인출기)에서 출발하여 폰뱅킹, PC뱅킹을 넘어 홈뱅킹, 모바일 뱅킹 등에서 진화를 거듭하고 있으며, 증권산업의 경우는 on-line 주식거래가 이미 중심으로 탈바꿈한 지 오래이다. 또한 보험산업의 경우도 온라인시장의 규모가 증대하고 있고, 홈쇼핑을 통한 보험상품의 판매도 점차 증가하는 추세에 있다.

☞ 함께 생각해 보자 ☜

문제점은 없는지?
ⓐ 노동인력시장의 문제점 – 소수가 다수를 대신할 수 있는 정보기술
ⓑ 수익구조의 문제점 – 한국의 증권산업의 예(case)를 통하여 살펴봄
ⓒ 정보의 공유→효율적인 시장→경쟁유발

② 금융산업의 전략의 변화
ⓐ 영업전략의 수정
영업인력과 지점망을 통한 사람에 기초한 영업전략에서 고객에 대한 정보를 바탕으로 하는 영업전략의 필요성 대두
예) 고객의 기호, 성향, 수준에 맞는 차별화된 영업전략의 필요성으로 시장의 세분화(market segmentation)를 통한 고객 needs를 수용

하는 영업전략의 수정이 진행 중이다. 은행의 'VIP 고객제도' 등도
이에 해당하는 좋은 예라고 할 수 있다.

ⓑ 거래의 가상화(cyber)가 실현

전자지갑, 전자화폐, 스마트카드 등…… 전자지급결제수단을 이용
한 거래의 비중이 증대되고, 예금, 대출, 지급, 계좌이체 등의 업무를
은행원(teller)에서 가상공간으로의 이동이 이루어지고 있다.

③ 새로운 시장진입자(new entry)들의 거센 도전이 예상

금융솔루션 제공업체가 기존의 금융기관에 대한 서비스 제공에 그
치지 않고 적극적인 전략으로 비금융기관과 제휴하여 최소의 초기비
용으로 금융시장에 진입함으로써 금융업의 경계가 불분명해질 가능
성이 존재한다.

④ 금융산업에 대한 규제완화(deregulation)

정보통신기술의 발달은 금융산업의 규제를 완화시켜서 국가 간의
자금이동을 원활하게 하고 차익거래(arbitrage transaction)를 추구하는
차익거래자들에게 기회를 제공하여 줄 것이다.

1.2. 사이버금융의 발전과정

사이버금융의 발전과정은 정보통신(information and telecommuni-cation) 기술의 발달과 맥을 같이한다고 볼 수 있다. 사이버금융의 발전단계는 크게 3가지의 단계를 거친다. 금융업 내의 시스템을 on-line화하는 단계, 금융네트워크 구축단계, 그리고 마지막 단계로 전자화폐와 사이버 금융과 같은 단계로 나뉜다.

1) 1단계: On-line화 및 업무자동화 단계

금융기업 내 시스템의 On-line화
예) ⓐ 기업 내의 On-line 시스템 구축
　　ⓑ ATM기의 도입에 따른 단순업무의 자동화

(현금의 입금 및 출금 등)

2) 2단계: 금융네트워크 구축단계

금융공동망 서비스를 통한 금융기관끼리 또는 금융기관과 고객 간의 네트워크를 구축하여 타행환거래가 가능하고, PC 뱅킹이나 폰뱅킹이 가능한 단계

3) 3단계: 전자화폐의 등장과 사이버금융

현금을 대신하는 전자화폐의 등장과 가상공간을 통한 무점포은행, 증권사의 지점망 축소가 진행되는 단계

2. 영역별 사이버금융의 진행

2.1. 사이버 뱅킹

사이버 뱅킹(banking)은 정보통신의 기술과 은행업무의 접목을 통하여 고객만족을 실현하고자 하는 차원에서 시작되어서 이제는 사이버뱅킹이 은행업무의 중심을 차지할 정도로 성장하였다.

1) 인터넷 뱅킹의 필요성

① 거래 비용의 관점에서의 경쟁력 확보

* 연구결과: 미국의 컨설팅회사인 부츠·알렌 해밀턴(Booz·Allen
& Hamilton)사의 금융거래비용의 연구조사결과표

〈표 4-1〉 은행업무의 거래비용

유형별 은행업무	업무에 수반되는 비용 (단위: US $)
전통적인 지점을 통한 거래비용	1.07
전화를 이용하는 거래비용	0.54
ATM(현금자동지급기)이용비용	0.27
PC 통신을 이용한 거래비용	0.02
인터넷을 이용한 거래비용	0.01

② 사용자 중심의 뱅킹

365일 245시간 언제나(wherever), 어디서나(wherever), 무엇이든지
(whatever) 누구라도(whoever) 네트워크를 통해서 가능.

2) 인터넷뱅킹의 서비스 제공의 유형

① 정보제공: 금융상품, 증권징보, 환율정보

② 조회: 예금조회, 카드업무조회, 자기앞수표조회

③ 자금이체: 계좌이체, 대출원리금 상환, 적금 및 부금 납입, 카드
대금결제

④ 대출: 현금서비스, 대출한도조회, 대출신청, 대출승인여부조회

⑤ 기타: 예금 및 적금 계좌개설, 금융상담, 사고신고, 외화송금,

유가증권매매, 보험상품 판매

2.2. 사이버증권

사이버 증권거래는 컴퓨터를 이용하여 고객이 직접 증권매매 주문을 내는 온라인 거래를 총칭하며 HTS(home trading system)을 넘어서 스마트폰을 활용한 모바일 거래(MTS: mobile trading system) 시대를 맞이하고 있다.

1) 사이버 증권(미국)

① **Full brokerage**시대

메릴린치, **AG adward, Saloman brothers** 등과 같은 **Full brokerage**시대가 주류를 형성하다가 정보통신의 발달로 변화

② **Discount brokerage**시대

위탁매매를 전문으로 취급하는 사이버 증권사가 출현.

선봉에는 찰스 슈왑(**Charles Schwab**)이 있었고, **Olde, Scottedale, e−trade** 등과 같은 많은 할인브로커가 등장하여 1990년 말에는 소비자 중심의 신뢰도가 우수하고 가격의 경쟁력이 있는 주류브로커로 등장하여 기존의 증권사와 치열한 시장쟁탈전의 양상

2) 사이버증권(한국)

① 1997년 5월에 처음 도입하여 고속성장을 기록함
② 온라인 시장이 거래에 차지하는 비중은 유가증권거래소시장보
   다 개인 투자자의 비중이 높은 코스닥시장에서 더욱 높은 비중
   을 차지하고 있다.

3) 사이버증권의 문제점

① 시스템 자체의 문제
시스템의 오작동, 용량초과에 따른 시스템의 다운, 실행의 지연이
나 불능, 데이터의 소멸
  예) 사이버대학교의 시험 때 발생할 수 있는 내용과 유사함

② 시스템 이용상의 문제
시스템 사용자의 문제나 순간적으로 잘못된 실행으로 인한 문제점
또는 의도적인 부적절한 사용 등

③ 부정한 증권거래의 위험
부성한 증권의 판매, 부적절한 투자권유 등과 같은 증권사 직원의
윤리(ethics)와 관계된 문제와 사이버상에서의 의도적인 선전을 통한
특정주식의 가격을 인위적으로 조작(manipulation)하는 행위
  예) '사설정보지'를 통한 정보조작

2.3. 사이버보험

사이버보험이란 가상공간 속에서 미래의 고객을 대상으로 보험과 관계된 영업을 하는 행위를 총칭하는 표현이다. 사이버보험은 은행과 증권업종에 비해 더 많은 발전이 요구되는 분야이다. 국내 사이버보험의 특징을 살펴보면 아래와 같다.

① 상품의 판매보다는 부가서비스에 치중하는 실정

국내의 보험영업의 특징으로 인하여 판매보다는 예를 들면 보험과 관련된 정보의 제공 등 부가서비스에 치중하는 실정이다.

② 생명보험사보다는 손해보험사가 보다 발달함

상품의 성질을 쉽게 규격화할 수 있는 손해보험사가 보다 많은 변수를 갖고 인적인 연결성을 중시하는 생명보험보다 발달되어 있는 실정이다.

③ 주로 단순한 상품, 개인의 정보가 노출되지 않는 상품을 중심으로 발전을 하고 있다.

예를 들면 여행자 보험 또는 상해보험과 같이 보험료가 저렴하고 상품이 단순하며, 개인정보가 필요하지 않은 분야에서의 영업이 활발한 편이다.

3. 사이버금융의 미래

3.1. 은행산업의 미래

〈표 4-2〉 은행산업의 미래예측

	은행산업의 현재	은행산업의 미래예측
경쟁요소	점포의 위치	금융 관련 정보 제공 서비스의 질
핵심업무	예금 및 대출	차별화된 틈새상품 개발 금융 관련 정보 및 시비스 제공
점포변화	가능한 많은 점포	점포의 소형화 가상은행 무인점포
고객과의 접점	지점창구 ATM PC 전화	모바일 중심
화폐의 대체	현금 수표 신용카드 직불카드	전자화폐 one 카드

1) 핵심업무는 예금과 대출과 같은 자금중개기능에서 정보서비스 제공, 다양한 금융상품 및 정보의 제공으로 변화할 것이다.

2) 지급경제수단은 현금, 수표, 신용카드, 직불카드 위주에서 one-card 개념으로 통합될 것이며, 전자화폐의 등장이 가시화될 것이다.

3) 고객과의 만남은 지점창구 위주와 ATM, PC, 전화에서 지점창구는 감소할 것이고, 휴대용 전화 화상전화 등의 활용이 증가

하리라 생각된다.

4) 경쟁요소는 고객과 가까운 지정학적인 위치에서 금융상품의 가격 및 정보 제공, 서비스의 질에 좌우될 것이다.

5) 점포변화는 지점 위주에서 가상은행의 출현, 무인점포 위주로 될 것이다.

3.2. 증권산업의 미래

1) 사이버증권거래소의 등장

예) 전자증권거래네크워크(ECN: Electronic Communication Network)

2) 증권업무의 다양화

수익구조 개선을 위한 차별화할 수 있는 상품의 개발과 단순한 중개업무에 의한 수수료(commission)에 의존하지 않고 인수주선의 업무(underwriting) 등에 치중할 것이다.

3.3. 보험산업의 미래

1) 정보를 효율적으로 이용하여 고객들에게 제공할 수 있는 고객 개개인에 맞는 맞춤형 보험서비스가 중심이 될 것이다.

2) 중소 보험사는 대형보험사와 고객을 연결하는 연결기관으로 변

모할 가능성이 높고, 보험시장에 대한 치열한 경쟁으로 부실보
험사의 퇴출과 인수 합병을 통한 대형화가 이루어질 것이다.

3.4. 인터넷 보안

사이버상에서 안심하고 금융거래를 함으로써 인터넷을 통한 금융
산업의 발전을 위해서는 인터넷의 보안이 최우선 과제로 등장하고
있다. 즉 인터넷 보안은 사이버금융거래의 활성화를 위해 꼭 해결해
야 할 선결과제이다.

1) 금융시스템 자체에 대한 보안(내부보안)

고객에 관한 정보(거래내역, 통장번호, 비밀번호)가 관리되는 데이
터에 대한 접근이 외부의 침입자에 의해 파괴되거나 도용되는 경우
를 말한다.
예) 1990년대 시티은행의 카드 비밀번호 관리
① 접근금지
② 비밀번호 관리 암호화
③ 인력관리 강화

2) 네트워크 보안(외부보안)

거래 당사자가 아닌 제3자에 의해 변경되거나 노출됨으로써 고객
에게 피해가 돌아가지 않게 보안을 유지하는 것을 의미한다.

① 암호화

② 전자서명비밀번호 관리 암호화

③ 침입자 차단 방화벽

증권사마다 사이버증권에 대한 경쟁이 치열하다. 어떻게 진행되는지 살펴보자.

증권사 HTS 특화 경쟁 뜨겁다.[19)]

지난해 HTS를 통한 주식거래가 코스피와 코스닥 모두에서 영업점 단말기를 이용한 거래 비중을 앞질렀다. 코스피 시장에선 10명 중 5명이, 코스닥 시장에선 10명 중 8명이 HTS를 이용해 주식을 거래한 것이다.

<인터뷰> 김영재 비엔지증권 경영기획팀장

"보다 편리하고 신속한 거래를 선호하는 개인 투자자 특성을 반영한 많은 증권사들이 HTS를 개발해 콘텐츠를 강화하고 있습니다. 최근에는 스마트폰 확산에 힘입어 HTS가 모바일트레이딩시스템 MTS 시대로 진입하고 있습니다."

이처럼 HTS를 통한 거래가 늘면서 각 증권사들은 HTS를 특화해 온라인 고객 잡기에 열을 올리고 있다. 우리 투자증권은 자동매매기능을 가진 시스템 트레이딩용 HTS를 선보였다. 이 HTS는 고객이 직접 입력한 목표수익률이나 손실 조건에 도달하면 주문이 자동 실행돼 매매 시점을 놓치기 일쑤인 고객들에게 큰 호응을 얻고 있다. 두

---

19) 출처: 한국경제TV, 2010. 3. 17. 방송내용.

산그룹 계열 비엔지증권도 일찌감치 인공지능차트를 도입해 매매에 도움이 되는 여러 가지 신호를 보내는 서비스를 제공 중이다.

HMC투자증권의 H솔루션도 고객의 투자 성향에 따른 맞춤형 서비스로 온라인 고객들에게 큰 인기다. 이 밖에 IBK투자증권과 하나대투증권도 선물 거래 기능을 강화한 새로운 HTS를 내놓고 온라인 고객몰이에 나서는 등 증권사들은 제각각 특화된 HTS로 마케팅을 강화하고 있다.

개인투자자들이 늘면서 HTS를 통한 거래비중은 앞으로 더욱 증가할 것으로 보인다. 이에 따라 증권사들 간 HTS 특화 경쟁도 한층 치열해질 전망이다.

[퀴즈 문제]

* 아래의 내용이 맞으면 T, 틀리면 F를 빈칸에 표시하시오.

1. 사이버금융시대에는 경쟁력의 요소가 과거의 요소였던 점포의 위치에서 서비스의 질로 변모하고 있다. (   )
2. 사이버금융시대를 맞아 은행, 증권, 보험산업 모두 경쟁의 심화는 더욱 가속화될 것이다. (   )
3. 사이버증권을 통하여 시스템의 사용자의 문제나 순간적으로 잘못된 실행으로 인한 문제점 등이 대두할 수도 있다. (   )

[정답] 1. (T) 2. (T) 3. (T)

[용어정리]

① 투자자(investor)

　　현재의 소비를 억제하고 미래의 소비를 취하는 자

② 차익거래자(arbitrager)

　　cross rate를 이용한 차익거래자(외환시장)

③ 투기꾼(speculator)

　　abnormal return(비정상적인 수익)을 추구하는 자

[참고문헌]

강병호, 금융제도론, 박영사, 1998.
공재식·류근옥·박영규, 종합금융의 이해, 문영사, 2001.
이요섭, 금융시장의 이해, 연암사, 2009.
조선일보(2010. 3. 20) 기사내용.
한국경제TV, 2010. 3. 17. 방송내용.

제**3**편

은행업

- 제5장 금융산업의 발전/은행저축
- 제6장 은행영업 및 경영/정부규제

제5장 금융산업의 발전/은행저축

[학습목표]

1. 우리나라 금융산업의 발전을 살펴본다.
2. 은행저축의 원리에 대해 살펴본다.
3. 은행저축상품에 대해 살펴본다.

1. 국내 금융산업의 발전

1.1. 국내 금융산업의 발전과정

1) 금융통제 시기

▷ 시기: 1960 – 1970년대

▷ 부족한 금융자원을 최대한 효율적으로 배분하기 위해 제도금융 전체를 정부가 통제

▷ 은행이 금융산업의 중추기능을 담당하였고, 정부의 규제도 은
  행에 집중
▷ 지역금융활성화를 위해 지방은행 신설, 특수은행(중소기업은행,
  주택은행, 외환은행, 농·수·축협협동조합) 설립
▷ 1966년 「외자도입법」 제정 - 해외자본도입 장려

2) 정책금융 시기

▷ 시기: 1970년대
▷ 정부의 중화학공업의 지원에 역점을 두던 시기
▷ 1974년 「계열기업군에 대한 여신관리협정」 공표 - 대기업의 재
  무구조 개선과 경제력 집중을 방지하기 위한 대기업의 여신관
  리제도
▷ 산업의 독립적인 기능을 포기하고 국가경제의 고도성장을 위한
  실물경제의 지원 역할

3) 금융자유화 시기

① 금융자유화
▷ 1980년대 국내외 금융환경변화에 대처
▷ 정부주도의 경제운영방식에서 민간주도형으로 전환
▷ 1981 - 1983년 한일은행을 포함한 5개 시중은행의 민영화
▷ 새로운 금융상품 도입: 신종기업어음(CP), 양도성예금증서(CD)
  환매조건부채권(RP), 어음관리계좌(CMA)

② 금융규제 완화

▷ 1980년대부터는 금융기간 간의 경쟁촉진을 통한 금융효율성을
제고하고자 은행산업의 신규진입을 허용함.

예) 신한은행(1982), 한미은행(1983), 보람은행, 하나은행(1991), 평
화은행(1992)

▷ 단기금융회사, 상호신용금고(현, 저축은행), 투자신탁회사의 허용

▷ 1996년 15개 투자금융회사가 종합금융사로 전환

▷ 증권사들은 1995년부터 외국환 업무를 단계적으로 취급

▷ 1998년부터는 여신전문금융회사의 설립 허용(신용카드, 할부금
융 등)

③ 금융시장 개방

▷ 1980년대 중반부터 경상수지 만성적자에서 흑자로 전환

▷ 국내 금융시장, 자본시장, 보험시장, 외환시장에 대한 개방압력
증가

▷ 1988년 12월 자본시장의 단계적 국제화 추진방향을 공표로 금
융자율화와 개방화가 추진

▷ 은행-1994년부터 외국은행의 국내 진출 확대
증권-1990년 초반부터 난계석으로 확대
보험-1992년 보험시장 개방과 자율화 방안에 따라 시장개방
확대

④ 금융시장 경쟁력 강화

▷ 1990년 초반부터 금융기관의 대형화, 전문화를 적극 유도

▷ 과거는 분업주의를 표방하였으나 금융개방화에 대처할 수 있도
록 금융기관의 업무영역을 조정함으로써 겸업주의의 색채

1.2. IMF와 금융구조 조정

1) 1997년 외환위기의 원인

① 세계화의 물결 속에 국내금융기관들의 경쟁력 부족
  ⓐ 종합금융사-신흥종합금융사(단기투자금융에서 종합금융사 전
    환)의 자금의 단기화(장기성 자금의 차입→단기성자금으로
    여신)
  ⓑ 은행의 담보대출관행-신용을 바탕으로 하는 시스템이 아니
    라 담보중심의 대출은 대출의 부실화를 초래
  ⓒ 유동성 부족(liquidity problem)
  ⓓ 전염효과(spill over effect)
② 국내재벌 기업들의 과대부채 및 선단식 경영으로 대표되는
  방만한 경영
③ 정부의 관치금융과 위기관리 능력의 미흡
④ 경제주체들의 도덕적 해이

2) 금융구조조정 현황

〈표 5-1〉 금융구조조정 현황[20)]

은행(25사)	• 퇴출 5사(동화, 동남, 대동, 경기, 충청) • 합병 9사(상업, 한일, 하나, 보람, 국민, 장기신용은행, 조흥, 강원, 충북 추진) • 국외매각 2사(서울, 조흥)
종합금융(30사)	• 퇴출 16사(경남, 경일, 고려, 삼삼, 신세계, 신한, 쌍용, 청솔, 항도, 한화, 한솔, 대구, 삼양, 제일, 새한, 한길) • 은행과 합병추진 2사(현대, 강원, 한외, 외한은행)
증권(37사)	• 부도–퇴출 2사(고려, 동서) • 업무정지 4사(장은, 산업, 동방, 페레그린, 한남투자)
보험(50사)	• 퇴출 4사(국제, BYC, 고려, 태평양생명) • 합병(대한보증, 한국보증) • 경영개선조치 16사
투자신탁(5사)	• 인가취소 1사(신세기)
리스(25사)	• 청산 4사(동화, 동남, 대동, 중부) • 가교사로 자산, 부채 이전 6사(서울, 대구, 광은, 중앙, 부산, 신보)
상호신용금고(230사)	• 인가취소 11사 • 매각 4사 • 경영관리 대상 12사 • 경영지도 대상 9사
신용협동조합(1,664사)	• 파산결정 16사 • 경영지도 대상 29사 • 합병 9사 • 자진해산 27사 • 인가취소 1사

주: 1998년 9월 말까지의 1차 금융구조조정 결과임.
자료: 금융감독위원회

2. 은행저축의 원리

2.1. 저축행위의 이해

* 소비와 저축의 선택

금융시장은 현재의 자금과 미래의 자금의 교환이며 저축이란 현재
의 소비를 미래의 소비로 미루는 행위라고 할 수 있다.

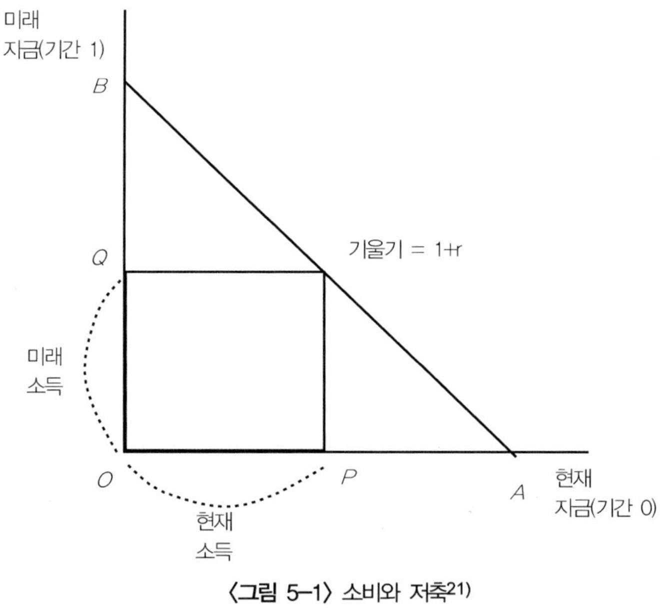

〈그림 5-1〉 소비와 저축21)

직선 **AB**＝금융시장에서 현재의 자금과 미래의 자금의 교환비율

20) 출처: 종합금융의 이해, 문영사, p.99.
21) 출처: 종합금융의 이해, 문영사, p.140.

기울기는 (1+r) 여기서 r=이자율

현재의 모든 소득=OP

미래의 모든 소득=OQ

현재의 모든 소득의 저축(미래소득으로 전환)=(1+r)OP=QB

현재의 총소비=OP+PA=OA

미래의 총소비=미래소득+전환된 미래소득

$$=OQ+QB$$
$$=OB$$

2.2. 저축상품의 선택기준

1) 일반적인 기준

① 안전성(safety)

ⓐ 예금자보호법에 의해 예금보호대상 여부 확인

예) 신탁상품, MMF, RP 등

ⓑ 거래금융기관의 건전성 파악

예) 자기자본비율, 부실여신 비율 등

② 수익성(yield)

〈표 5-2〉 소비와 저축[22]

종류	주요내용	비고
확정금리	예금할 때 약정한 금리가 만기까지 고정되어 있는금리	대부분의 은행 예금상품
변동금리	실적배당률이나 만기 때의 시장금리를 적용	은행의 금전신탁, 투신사의 수익증권
연동금리	CD유통수익률 등 시장의 실세금리에 연동하여 매일 금리를 고시하고 그 금리를 만기까지 확정하여 부여하는 경우의 금리	은행의 실세금리 연동형 정기예금
단 리	예금의 만기에 이자를 1회 계산하여 지급하는 방식	표면금리가 동일하다면 복리상품이 실효수익률 면에서 유리
복 리	만기 이전에 일정기간 단위(1개월, 3개월, 6개월, 1년 등)로 이자를 계산하여 원금에 가산하는 방식	
표면금리	예금증서, 채권 등의 표면에 기재된 수익률을 말하며 단순히 연간 이자수입만을 나타내는 금리	-
총수익률	만기까지 받는 총수익의 투자원금에 대한 비율	-
연평균수익률	만기가 1년 이상인 상품에 있어서 만기까지의 총수익률을 계약 연수로 나누어 산출한 수익률	-
실효수익률 (연수익률)	원금, 이자 및 그 이자의 재투자수익 등을 모두 더한 총수입 금액의 원금에 대한 1년 단위 증가율	실효수익률에서 세금까지를 고려한 후 실효수익률이 금융상품 선택 기준이 됨

자료:한국은행, 저축생활 길라잡이, 1999.

③ 유동성(liquidity)

ⓐ 높은 유동성 상품

예) 요구불예금, CD, RP, MMF, MMDA, 단기공사채형 수익증권

ⓑ 낮은 유동성 상품(중도해지나 환매에 높은 수수료 부가)

예) 장기저축성 예금, 장기공사채형 수익증권, 저축성 보험상품

---

22) 종합금융의 이해, 문영사, p.146 참조.

2) 현실적인 기준

① 목적
ⓐ 어떤 목적으로 예금하는가 하는 문제
예) 자녀교육, 주택 마련, 노후여행 등

② 기간
ⓐ 장기적인 목적인가? 단기적인 목적인가?
예) 정기예금, MMF

③ 금융기관
ⓐ 금융기관의 건전성 파악 등
예) 부실대출 여부 등

3. 은행저축상품

3.1. 자유저축상품

1) 저축예금

ⓐ 금액이나 인출의 회수로부터 자유로움
ⓑ 입출금이 자유로운 자금이나 단기성 여유자금 운용에 적합
ⓒ 은행, 우체국, 농협, 수협, 축협에서 취급

ⓓ 이자는 3개월 복리식이며 금리는 자유화

2) 가계당좌예금

ⓐ 가계수표발행을 목적으로 개인이 가입하는 예금
ⓑ 일반당좌예금(이자 없음)과 달리 우대차원에서 이자지급
ⓒ 은행에서 취급하며 신용이 양호한 개인이나 자영업자대상
ⓓ 당좌대월도 가능함, 이자는 3개월마다 복리로

3) 시장금리부 수시입출금식예금(Money Market Deposit Account: MMDA)

ⓐ 증권사의 MMF, 종합금융사의 CMA(어음관리계좌)에 대응하는 은행상품
ⓑ 실세금리를 적용하는 단기금융상품
ⓒ 자유로운 입출금, 실적에 따른 혜택 부여
ⓓ 통상 500만 원 이상

3.2. 목돈 마련 저축

1) 정기적금

ⓐ 매월 정기적으로 예치 후 만기에 일시금으로 지급
ⓑ 만기 이전에 자금이 필요하면 담보 대출 가능

ⓒ 은행, 저축은행, 새마을금고, 우체국, 농협, 수협, 축협에서 취급

ⓓ 금액은 1만 원 이상 무제한

2) 근로자 장기저축

ⓐ 근로자의 재산 형성을 위한 세금우대 장기저축상품

ⓑ 월 급여에 관계없이 근로자는 가입할 수 있음

ⓒ 은행, 저축은행, 투자신탁회사, 증권회사에서 취급

ⓓ 저축금액은 월 50만 원 이내로 제한

3.3. 목돈 운용 저축

1) 정기예금

ⓐ 가입 당시 예치 기간을 확정

ⓑ 기간이 길수록 높은 이자 지급

　(긴 기간은 위험의 증대→프리미엄 지불)

ⓒ 은행, 저축은행, 우체국 등에서 취급

ⓓ 이자는 3개월 복리식이며 금리는 자유화

2) 특정금전신탁

ⓐ 은행이 예금주로부터 자금의 운영방법과 조건을 약속하고 수탁

　받아서 운영

ⓑ 운영수익을 고객에게 배당하는 저축상품

ⓒ 통상 1억 원 이상

ⓓ 실적배당상품(예금자보호에서 제외)

3) 금융채

ⓐ 발행은행이나 증권사에서 매출

ⓑ 이자는 할인채, 복리채(만기지급), 이표채(매 3개월 지급)

3.4. 저축기관별 금융상품

〈표 5-3〉 금융기관 취급상품[23]

대 출 종 류	주요 취급상품	장　점	단　점
은　　행	● 요구불예금(보통예금, 별단예금 등) ● 저축성예금(저축예금, 정기예·적금 등) ● 신탁상품 ● CD, RP 등 시장성 상품 ● 수익증권	● 다양한 부대서비스 ● 광범위한 점포망 및 이용 편리성 ● 대출가능	● 비교적 낮은 예금금리 ● 중도해지시 낮은 금리 적용

대출종류	주요 취급상품	장 점	단 점
종합금융회사	• 어음관리구좌(CMA) • 기업어음(CP) • 발행어음	• 단기고수익 • 거액고객에 다양한 서비스 제공	• 개인대출이 불가능 • 점포수가 적음 • 최소 가입금액이 큼
투자신탁(운용)회사	• 공사체형수익증권 • 주식형수익증권 • 근로자장기수익증권 • 뮤추얼펀드	• 고수익	• 일부상품은 위험도가 높음 • 점포수가 적음 • 개인대출이 불가능
승권회사	• 증권저축 • 세금우대 소액채권저축 • 수익증권 • 뮤추얼펀드	• 고수익	• 주가 하락시 손실 발생 • 점포수가 적음 • 상품이 다양하지 않음
저축은행	• 예금, 적음 • 신용부금 • 표지어음	• 고수익 • 대출절차 간단	• 기관신용도가 낮음 • 점포수가 적음
농, 수, 축협, 임협, 인삼협의 단위조합, 신용협동조합, 새마을금고	• 출자금 • 예탁금 • 적금	• 고수익	• 기관신용도가 낮음 • 점포수가 낮음
보험회사	• 보장성보험 • 저축성보험	• 보험 혜택 • 저축성보험도 일부 보장성 기능을 겸함	• 만기전 해약시 환급액이 불입액보다 작을수 있음 • 저축성보험의 경우 수익률이 다소 낮음

자료:한국은행, 저축생활 길라잡이, 1999.

3.5. 금융 예금상품의 New Trend

1) 회전식예금

ⓐ 금리 변동주기를 3, 6개월 단위로 조정 가능

　　(금리는 낮지만 자산시장의 급변동에 대처 가능)

---

23) 그림 참조: 종합금융의 이해, 문영사, p.164 참조.

ⓑ 시중금리 상승 흐름을 반영 가능

ⓒ 중도 해지로 인한 손실이 적다는 강점

2) 계단식 상품

ⓐ 3개월 단위로 금리가 상승

ⓑ 중도 해지하더라도 상대적으로 높은 이자 수령

(오래 유지하면 정기예금 수준의 금리 가능)

회전식…… 계단식…… 금리변동형 예금은 어떨까?[24]

사상 최저 수준의 기준금리가 1년 이상 이어지고 있지만 조만간 기준금리가 오를 것이라고 보는 전문가가 많다. 당장은 아니더라도 한국은행이 올해는 기준금리를 올릴 것이라는 예상이다. 기준금리가 오르면 시중금리도 오름세가 불가피하다. 금리의 대세 상승기가 눈앞으로 다가온 상황에서 관심을 가질 만한 예금상품은 무엇일까? 은행들은 시중금리 상승을 반영할 수 있는 금리변동형 상품으로 고객들을 유혹하고 있다.

금리 변동주기를 3, 6개월 단위로 조정할 수 있는 회전식 예금이 금리는 낮지만 호흡을 짧게 하고 자산시장의 급변동에 대비할 수 있다는 게 특징이다. 시중금리 상승 흐름을 반영할 수 있고 중도에 해지해도 손실이 적다는 것이 강점이다.

최근에는 3개월 단위로 금리가 상승하도록 설계된 '계단식' 상품도 나왔다. 중도에 해지하더라도 상대적으로 높은 이자를 받을 수 있고 오래 유지하면 정기예금 수준의 금리를 받을 수 있다.

---

24) 출처: 동아일보 기사내용 중 일부 2010. 3. 3일자.

[퀴즈 문제]

* 아래의 내용이 맞으면 T, 틀리면 F를 빈칸에 표시하시오.
1. 금융채의 이자는 할인채, 복리채(만기지급), 이표채(매 3개월 지급) 형태로 지급된다. (   )
2. 1997년 외환위기의 원인으로 세계화의 물결 속에 국내금융기관들의 경쟁력 부족도 하나의 원인으로 지적되고 있다. (   )
3. 우리나라 금융산업의 발전과정을 구분하여 볼 때, 1980년 이후는 금융자유화의 시기에 해당된다. (   )

[정답] 1. (T) 2. (T) 3. (T)

[용어정리]

① 금융채

금융채는 은행이나 증권사에서 발행하는 채권으로 이자의 지급은 할인채, 복리채(만기지급), 이표채(매 3개월 지급)의 방식을 취하고 있다.

[참고문헌]

강병호, 금융제도론, 박영사, 1998.
공재식 · 류근옥 · 박영규, 종합금융의 이해, 문영사, 2001.

김영진, 금융기관경영, 경문사, 1997.
이요섭, 금융시장의 이해, 연암사, 2009.
동아일보 기사내용 중 일부, 2010. 3. 3일자.

제6장 은행영업 및 경영/정부규제

[학습목표]

1. 은행영업에 대해 살펴본다.
2. 은행경영에 대해 살펴본다.
3. 은행의 자본관리와 정부규제에 대해 살펴본다.

1. 은행영업

1.1. 은행영업의 성격

은행영업의 성격은 자금의 조달과 운영을 기초로 이루어진다.

자산 = 부채 + 자본

대차대조표(B/S)상에서

▷ 왼쪽(차변, use): 채권자와 주주로부터 제공받은 자금을 사용한
  현황 또는 운용실적

▷ 오른쪽(대변, source): 은행의 관점에서 자금의 원천 또는 조달,
  채권자가 부채계약을 통해 자금을 제공하거나 주주가 자본을
  납입한 금액

1.2. 자금조달업무

1) 요구불예금

① 성격: 예금자의 인출요구에 즉시 반환하여야 하는 예금
② 특징: 기업이나 개인, 지방자치단체 등이 결재나 거래의 편의상
  잠시 예치되는 성격의 예금으로, 이자는 미미한 수준
③ 대표적인 예금: 당좌예금, 보통예금, 별단예금 등이 있다.

2) 저축성 예금

① 성격: 이자수익을 목적으로 일정 기간 예치되는 자금

② 특징: 기명식 예금통장을 교부하나 요구불예금과는 달리 예금자
가 일정금액을 일정 기간 동안 예치하기로 약정하는 예금으로,
약정 기간 이전의 중도해지 때에는 예금자가 불리함을 감수

③ 대표적인 예금: 정기예금

3) 양도성 예금증서(negotiable certificate of deposit, CD)

① 성격: 가입대상은 제한 없고(개인 및 법인), **CD**를 예금자에게
무기명으로 발행되며 제3자에게 양도가 자유로운 상품

② 특징: 매출방식은 할인식 선이자방식으로 발행되고, 양도가 가
능하기에 만기 전까지 단기금융시장에서 유통되는 특징을 갖는
다. 단, 이 예금은 예금자 보호법에 의한 보호 대상이 아니다.

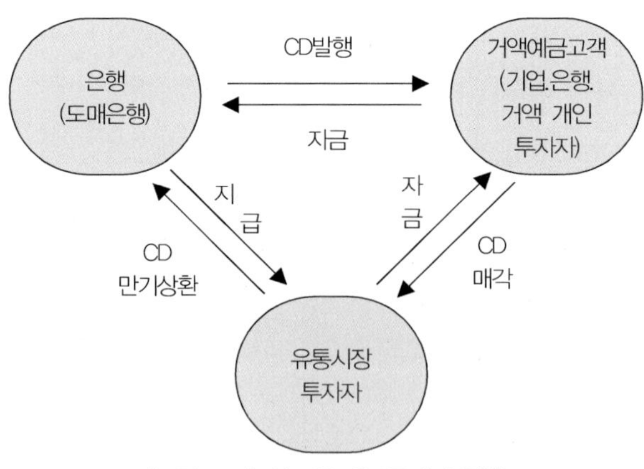

〈그림 6-1〉 양도성 예금증서 순환[25)

4) 콜거래

① 성격: 은행의 대표적인 단기자금 차입거래

② 특징: 은행의 일시적인 유동성 부족을 여유가 있는 타 금융기
관으로부터의 차입을 통해 해소하는 방식으로, 주로 1일이 대
종을 이루며 거래금액의 제한은 없다.

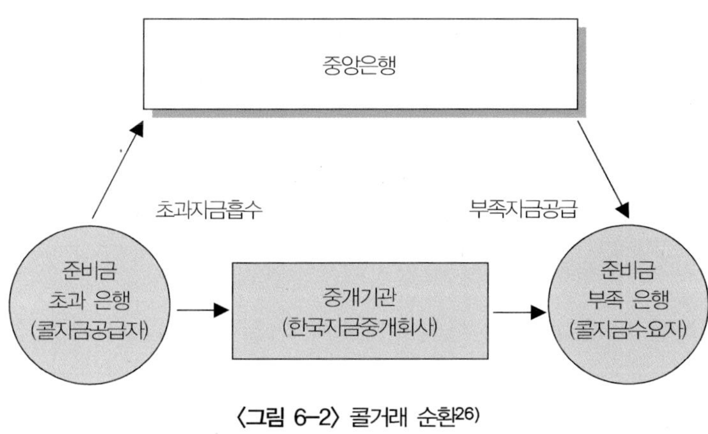

〈그림 6-2〉 콜거래 순환[26]

5) 환매조건부채권매매(repurchase agreement, RP)[27]

① 성격: 은행이 단기자금 조달하는 방법 중의 하나

② 특징: 은행이 자금조달을 위해 국채 등을 투자자에게 매도하고
동시에 동일채권을 만기일에 약정수익률을 보장하는 가격으로
다시 매수하기로 하는 거래

---

25) 출처: 종합금융의 이해, 문영사, p.172 참조.
26) 출처: 종합금융의 이해, 문영사, p.173.
27) RP(환매조건부채권)는 일정 기간이 경과한 후에 일정한 가격으로 다시 구입할 것을 약속하
고 판매된 채권을 말한다.

6) 표지어음

① 성격: 은행이 단기자금 조달하는 방법 중의 하나

② 특징: 과거에는 주로 종금사에서 취급한 상품

은행, 종금사 등의 금융기관이 단기자금의 필요성이 대두될 때, 자체 보유 중인 어음(상업어음, 무역어음 등)을 분할하거나 통합하여 다시 신규로 발행되는 어음을 표지어음(cover bill)이라고 한다. 지급 의무는 원어음의 지급능력 여부에 관계없이, 발행금융기관이 지급의무를 부담한다.

7) 후순위채

① 성격: 은행이 발행하는 장기채무증서

② 특징: 후순위채는 은행의 부채로서, 만일 은행이 청산되는 경우에는, 예금자들의 예금을 상환한 후에나 청구권을 갖는 채권이다.

1.3. 자금운용업무

1) 대출

① 성격: 은행의 가장 중요한 영업업무

② 특징: 자금이 필요로 하는 수요자에게 조달된 자금을 제공하는 행위로, 은행의 비중 높은 수익원이다.

2) 유가증권투자

① 성격: 투자
② 특징: 최근에는 국채, 지방채, 금융채뿐만 아니라 주식 등 수익
   적 동기에 의한 투자를 확대하는 편이며, 주로 위험부담이 적
   은 유동화가 용이한 국채에 대한 투자가 많은 비중을 차지하는
   편이다.

3) 통화안정증권투자

① 성격: 투자
② 특징: 중앙은행이 통화량 조절을 목적으로 발행한 단기채무증
   서에 투자하는 것으로 1980년대 이후에 발행이 크게 증가함

4) 기업어음 할인

① 성격: 우량기업이 발행하는 무담보, 단기약속어음인 기업어음
   (CP)에 투자
② 특징: 종금사의 업무에서 증권사로 확대되고, 1997년부터는 은
   행, 투신, 보험까지 확대됨. 주로 종금사, 증권사에서 활발하게
   진행되고 은행에서는 활발하지 못하다.

2. 은행경영

2.1. 은행경영의 목표

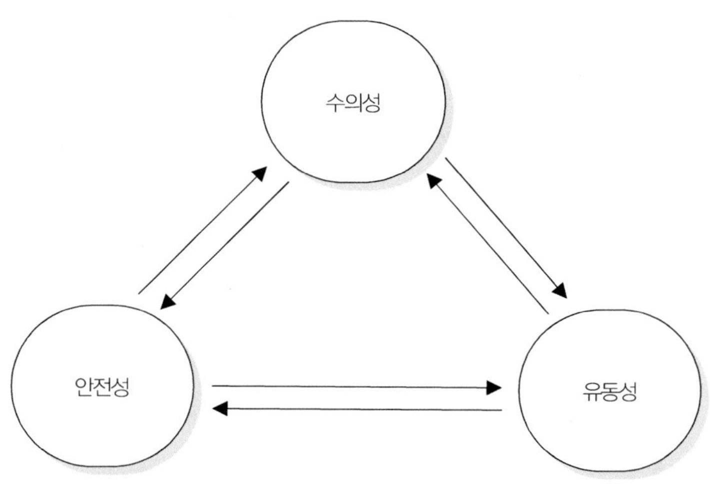

〈그림 6-3〉 양도성 예금증서 순환[28]

1) 안전성(safety)

① 안전성 확보를 위해 위험에 대한 노출(exposure)을 줄이면 수익
성의 감소를 초래

② 안정성에만 역점을 둔 은행경영은 은행의 성장잠재력을 약화시킴

---

28) 출처: 종합금융의 이해, 문영사, p.190.

2) 수익성(yield)

① 수익성 확보를 위해 위험에 대한 노출(exposure)을 증대시키면
안정성의 위협을 초래함
② 지나친 수익추구와 과도한 위험노출로 손실발생으로 인한 자본
잠식이나 예금자나 채권자들이 위험하다고 판단될 정도의 부실
대출은 대규모의 예금 인출사태(bank run)를 발생시켜 은행의
파산을 초래함

3) 유동성(liquidity)

① 은행이 수익은 발생하나, 예금자나 채권자의 유동성 요구를 충
족시키지 못하면 지급 불능사태를 초래함
② 유동성은 결국 안정성과 결부되어 있음

2.2. 은행의 위험관리

☞ 쉬어가기 ☜

은행이 직면할 수 있는 위험에는 어떤 것들이 있나?

1) 이자율 위험관리

자산과 부채의 만기 불일치(maturity mismatching)로부터 이자율 변

동의 위험(interest rate risk)이 파산위험을 제공할 수 있다. 이러한 이유로 인하여 은행에서는 자산부채종합관리(ALM: asset liability management)의 기법의 중요성이 강조되고 있다.

① 재차입의 위험(re-financing risk)
  ⓐ 은행이 CD발행(10%, 1년 만기)
  ⓑ 발행대금을 채권에 투자(11%, 2년 만기)
  ⓒ 1년 동안, 은행은 1%의 수익
  ⓓ 1년 후, 재차입
    ㉠ 이자율이 12%로 CD를 발행⇒은행은 1%의 손실(역마진 발생)
    ㉡ 이자율이 11%로 CD를 발행⇒은행은 0%의 수익
    ㉢ 이자율이 10%로 CD를 발행⇒은행은 1%의 수익

② 재투자의 위험(re-investment risk)
  ⓐ 은행이 CD 발행(10%, 2년 만기)
  ⓑ 발행대금을 채권에 투자(11%, 1년 만기)
  ⓒ 1년 동안, 은행은 1%의 수익
  ⓓ 1년 후, 재투자
    ㉠ 이자율이 9%로 채권투자⇒은행은 1%의 손실(역마진 발생)
    ㉡ 이자율이 10%로 채권투자⇒은행은 0%의 수익
    ㉢ 이자율이 11%로 채권투자⇒은행은 1%의 수익

2) 유동성 위험관리

은행과 보험과 같은 금융기관이 보유현금의 부족이나, 현금화할
수 있는 자산의 부족으로 인하여 예금인출 요구에 응할 수 없거나
보험금을 지급할 수 없는 상황을 유동성 위험(liquidity risk), 유동성
위기(liquidity crisis)라고 한다. 특히 은행과 신용저축은행과 같은 저
축기관들의 유동성 위험은 지급불능사태를 유발하기 쉽고, 이러한
상황에 직면하게 되면 예금주들의 인출쇄도(bank runs)가 이어져서
건전한 금융기관까지 예금의 인출이 이어지는 전염효과(contagion
effect)가 발생할 수 있다.

예) ① 1997년 종금사

　　　⇒은행으로 전염

　　　⇒유동성 위기

　　　⇒종금, 은행의 구조조정이 구조조정으로 이어져

　② 분식회계

　　　⇒SK 사태

⇒채권이 편입된 MMF(S, K, H 은행의 대출비중이 높았음)

⇒채권가격의 하락

⇒모든 은행의 MMF에 파급효과

③ 2008년 하반기의 글로벌 금융위기

⇒글로벌 금융위기

⇒글로벌 금융기관 도산

⇒유동성 위기

⇒채권가격의 급등

3) 신용위험관리

은행으로부터 자금을 차입한 기업이나 개인이 투자실패나 판매부진으로 인하여 차입한 금액의 원리금을 상환하지 못하여 은행은 대출손실을 입게 될 위험을 신용위험(credit risk)이라고 한다. 즉 차입자의 신용이 바뀜으로 얻을 수 있는 위험을 의미한다. 따라서 금융기관은 신용위험을 회피하기 위하여 차입자의 원리금 상환능력 등 면밀한 신용평가와 아울러 차입기업에 대한 철저한 경영분석이 병행되어 신용위험을 최소화할 수 있는 방법이 고려되어야 한다.

3. 은행의 자본관리와 정부규제

외환위기(1998년)이후 우리나라의 금융기관이
맞이했던 금융구조조정이 진행된 변화에 대해 얼마나 알고 있는가?

① 1998년
신한은행＋동화은행＝신한은행
하나은행＋충청은행＝하나은행
국민은행＋대동은행＝국민은행
주택은행＋동남은행＝주택은행
한미은행＋경기은행＝한미은행

② 1999년
상업은행＋한일은행＝한빛은행
조흥은행＋충북은행＝조흥은행
하나은행＋보람은행＝하나은행
국민은행＋장기신용은행＝국민은행
조흥은행＋강원은행＝조흥은행

③ 2001년
한빛은행＋평화은행＋광주은행＋경남은행＝우리금융지주
신한은행＋제주은행＝신한금융지주
하나은행＋서울은행＝하나은행
국민은행＋주택은행＝국민은행

④ 2003년
조흥은행＋신한은행＝신한은행

⑤ 2004년
한미은행＋씨티은행 서울지점＝한국씨티은행

3.1. 은행의 자본관리

1) 자본자산비율

$$자본자산비율(L) = \frac{총자본}{총자산}$$

〈표 6-1〉 자본자산비율의 평가기준

L비율(%)	평가
5 이상	충분
4 이상-5 미만	적정
3 이상-4 미만	부족
2 이상-3 미만	심각한 부족
2 미만	중대한 부족

2) 위험기준자본비율

위험기준자본비율은 자본자산비율(L)이 위험을 반영하지 못한 단점을 보완한 비율로서 국제결제은행(BIS: Bank for International Settlements)이 1993년부터 적용하기 시작한 비율이다.

$$위험기준자본비율 = \frac{총자본(기본자본+보완자본)}{위험조정자산}$$

---

29) 출처: 동아일보 2010년 2월 20일

〈표 6-2〉 위험기준자본비율의 평가기준

총자본위험기준비율	평가
10% 이상	충분
8% 이상	적정
8% 미만	부족
6% 미만	심각한 부족
	중대한 부족

3.2. 정부규제

1) 은행규제의 정당성

ⓐ 은행의 파산은 국민경제에 심각한 영향을 줌

ⓑ 보험회사의 파산은 질병을 보호받지 못하거나, 퇴직 후 소득축
소로 인한 고통을 유발시킴

ⓒ 시장실패를 초래

2) 은행규제의 목표

ⓐ 설립과 영업활동에 대한 감독 및 파산까지 관여

ⓑ 은행의 안전성과 건전성 유지 및 과당경쟁 방지, 시상실서 유지

3) 은행규제의 내용

ⓐ 금융기관의 안전성과 건전성을 위한 규제: 자산운용의 분산을
요구

예) 자산운용의 분산을 요구, 감독권한을 행사, 은행산업의 진입과
   퇴출을 규제
ⓑ 국가정책수행을 위한 규제
예) 국가 중요 산업에 대한 신용할당(credit allocation)
ⓒ 투자자 보호를 위한 규제
예) 내부거래(insider trading), 정보비공개, 부정행위

■ 금융쉼터 ■

우리나라 국민이면 모두 고통스러웠던 외환위기 당시의 상황을 다시 유추해 볼 수 있는 시간을 마련하였다.

금융권 대폭발[30]

"금융감독위원회는 1998년 6월 29일 은행경영평가위원회에서 금융감독위원회를 개최하여 다음과 같이 결정했다."

금감위는 이날 금감위 9층 대회의실에서 5개 부실은행 정리와 7개 은행에 대한 강도 높은 자구노력을 전제로 한 조건부 승인 내용을 내외신 기자회견에서 발표했다.

금융권의 핵인 은행권이 대폭발(빅뱅)하기 시작했음을 알리는 신호탄이다. 아울러 금융기관은 결코 무너지지 않는다는 불패의 신화가 동시에 처절하게 깨졌다.

은행에는 그동안 고용안전지대라는 수식어가 붙어 다녔고 은행원은 화이트칼라의 대명사였다. 하지만 이번 5개 퇴출은행의 임직원 1만 544명(4월 말 기준)뿐만 아니라 우량은행도 고용불안에 떨기는 마찬가지다.

지난해부터 꾸준히 인원을 줄여왔지만 감원속도가 더욱 빨라지고 다행히 자리를 보전하게 되는 퇴출은행 직원들도 마음 놓고 다리를 뻗을 처지는 아니다.

---

30) 출처: 매일경제 1998년 6월 29일 기사내용.

불과 10여 일 전에는 굴지의 대기업 계열사를 포함해 55개 사가 은행들로부터 퇴출 판정을 받아 눈물을 삼켰다.

가히 1998년 6월은 '잔혹한 달'로 한국 경제사의 한 페이지로 장식될 것이다.

이 같은 고통은 앞만 보고 달려온 한국 경제에서 곪을 대로 곪은 부위를 도려내는 구조조정의 과정에서 불가피하다.

하지만 이제 퇴출은행 선정은 한국 경제의 패러다임을 바꿔야 하는 전 과정에서 볼 때 시작에 불과하다.

퇴출되는 대동은행의 중견간부는 "우리 은행보다 못한 부실은행도 살아남게 됐는데 어찌 이를 수긍할 수 있겠느냐."고 분노감을 표시했다.

이 은행은 지난 주말부터 이미 직원 가족들까지 함께 농성에 들어간 상태다.

은행 살생부 작성에 직접 간여한 금융감독위원회와 은행 경영평가위원회는 물론 최대한 객관성을 기했음을 강조하고 있다.

금감위는 어떻든 경평위의 판정 결과를 대부분 수용해 퇴출은행의 뚜껑을 열어젖혔고 이날 새벽 경찰의 호위 속에서 인수 작전에 들어갔다.

주식이 휴지조각으로 변한 정리 은행의 주주와 일자리를 언제든지 잃을 수 있는 처지인 은행원들은 눈물을 흩뿌리고 있다.

이제 이들의 눈물이 결코 헛되지 않고 소중한 기회가 되도록 하는 것은 우리들의 몫으로 남겨진 셈이다.

[퀴즈 문제]

* 아래의 내용이 맞으면 T, 틀리면 F를 빈칸에 표시하시오.

1. 은행규제의 목표는 은행의 안전성과 건전성 유지 및 과당경쟁 방지, 시장질서 유지에 있다. (   )

2. 은행의 이자율 위험에는 재차입의 위험과 재투자의 위험이 있다. (   )

3. 환매조건부채권매매(repurchase agreement, RP)는 은행이 자금조달을 위해 국채 등을 투자자에게 매도하고 동시에 동일채권을 만기일에 약정수익률을 보장하는 가격으로 다시 매수하기로 하는 거래이다. (   )

[정답] 1. (T) 2. (T) 3. (T)

[용어정리]

① 위험기준자본비율

위험기준자본비율은 자본자산비율(L)이 위험을 반영하지 못한 단점을 보완한 비율로서 국제결제은행(BIS: Bank for International Settlements)이 1993년부터 적용하기 시작한 비율이다.

[참고문헌]

강병호, 금융제도론, 박영사, 1998.
공재식 · 류근옥 · 박영규, 종합금융의 이해, 문영사, 2001.
김영진, 금융기관경영, 경문사, 1997.
남명수 · 임태순, 재무관리의 이해, 법문사, 2007.
이요섭, 금융시장의 이해, 연암사, 2009.
매일경제, 1998년 6월 29일 기사내용.

제4편
증권시장

- 제7장 증권시장
- 제8장 증권시장(Ⅱ)

제7장 증권시장

[학습목표]

1. 증권시장의 기능과 구조에 대해 살펴본다.

2. 증권시장의 기능과 구조(II)에 대해 살펴본다.

3. 주식과 채권에 대해 살펴본다.

---

1. 증권시장의 기능과 구조(I)

1.1. 증권시장의 의미

☞ 쉬어가기 ☞

자본시장, 증권시장의 개념은?

자본시장(capital market)

－자본이 거래되고 조달되는 시장

－비교적 자금의 사용 기간이 장기인 경우

⇔단기금융시장, 단기자금시장(money market)

－자본시장과 증권시장은 같이 혼용됨.

화폐시장(money market)

－단기금융시장, 단기자금시장

1.2. 증권시장의 구조(발행시장)

1) 발행시장의 의의

발행시장(primary market, issuing market)은 '1차적 시장'이라고 하며, 자금을 필요로 하는 기업, 국가, 공공단체 등이 발행주체가 되어 주선기관 또는 인수기관을 통해서 자금 공급자인 투자자에게 증권을 매각하여 자금을 조달하는 시장이다. 따라서 신규증권이 최초로 창조되는 추상적인 시장이다.

2) 발행시장의 기능

① 자금조달의 기능

투자자의 여유자금을 기업의 산업자금으로 이전시키는 기능을 가지고 있다.

거액의 장기자금을 일시에 조달하여 기업자본의 대규모를 가능하
게 한다.

② 자본의 집중기능

자금의 공급자인 투자자로부터 증권을 매개로 하여 자금을 수요자
에게 집중시키는 기능을 한다.

③ 소유분산기능

증권의 발행을 통하여 기업의 소유구조를 분산시키는 기능을 한다.

④ 경제조정기능

경제의 안정을 목적으로 정부는 증권시장에서 공개시장조작을 통
하여 물가안정 및 금리안정을 위한 정책수행을 가능하게 한다.

⑤ 투자수단의 제공기능

투자자의 입장에서 투자자들은 투자수단이 제공되는 기능이 있다.

3) 발행시장의 구조

① 발행주체(발행자)

자금의 수요자로서 자금을 조달하고자 하여 유가증권을 발행하는
주체

② 투자자

발행주체에게 자금을 공급하는 자금 공급자

③ 발행기관

간사단(주간사와 공동간사), 인수단(유가증권을 직접 인수), 청약취급기관(단순한 청약만 대행)으로 구성

4) 발행방법

① 공모발행(public offering)

신주를 발행할 때, 일반투자자로부터 동일한 가격과 조건으로 모집

② 사모발행(private placement)

특정 수요자만을 상대로 하여 유가증권을 발행하는 방법

③ 직접발행

발행자가 직접 관여하는 방법

④ 간접발행

발행자가 전문기관의 도움을 받아서 발행하는 방법.

간접발행 하는 방법에는 발행위험부담의 방법에 따라 총액인수법, 잔액인수법, 모집주선의 3가지 방식이 있다.

1.3. 증권시장의 구조(유통시장)

1) 유통시장의 의의

유통시장(secondary market, trading market)은 '2차적 시장'이라고 하며, 기존증권이 매매되는 시장으로 투자자의 관점에서는 투자자금의 운영 및 거래를 통한 투자자금의 회수기회를 제공하는 시장이다.

2) 시장의 종류

① 한국거래소(Korea Exchange: KRX)
- 유가증권시장, 코스닥시장, 선물시장의 단일운영주체로 주식회사형태의 통합거래소
- 2005년 1월 26일 법인설립등기 및 공식출범

☞ 쉬어가기 ☜

한국거래소의 발전 과정

1) 거래소시장(舊: 한국증권거래소)

- 우리나라를 대표하던 증권 유통시장
- 1956년 3월 창립
- 일반투자자들은 증권회사를 통하여 증권거래소에 매매 주문했음

2) 코스닥시장(舊: 코스닥 KOSDAQ)

• 1996년 7월 장외주식의 중개목적으로 설립
• 2000년 초부터는 벤처의 붐과 함께 거대시장으로 자리매김

참고: 미국의 유통시장 - 뉴욕증권거래소(NYSE), -아메리칸증권거래소(American Stock Exchange), -나스닥(NASDAQ)

2. 증권시장의 기능과 구조(Ⅱ)

2.1. 상장

상장(listing)이란 유가증권이 매매될 수 있도록 증권시장에 등록하는 것을 의미한다. 이때 상장회사란 상장증권을 발행한 회사를 의미하며, 거래되는 유가증권을 상장증권이라고 한다. 상장증권에는 상장주식, 상장채권, 상장뮤추얼펀드, 상장수익증권 등이 있다.

2.2. 상장의 종류

1) 신규상장

신규상장이란 아직 주권이 상장되어 있지 아니한 주권의 발행인이 기업을 공개하여 주권을 상장하는 것을 말한다.

2) 신주상장

신주상장이란 이미 주권이 상장되어 있는 주권의 발행인이 유상증자, 무상증자, 주식배당, 합병 등으로 인하여 새로이 주권을 발행하여 상장하는 것을 의미한다.

3) 변경상장

변경상장은 당해 주권의 종목(상호), 종류(우선주, 보통주), 액면금액 등을 변경한 경우 새로이 주권을 상장하는 것을 의미한다.

2.3. 매매거래의 원칙

1) 가격의 원칙: 매수 시는 높은 가격(고가)으로 사려는 쪽에 매도 시는 낮은 가격(저가)에 팔려는 쪽에 우선권
2) 시간의 원칙: 먼저 접수된 호가가 나중 접수된 호가에 우선
3) 수량의 원칙: 수량이 많은 호가가 우선

4) 위탁매매우선원칙: 위탁매매 회원이 자기매매에 우선

2.4. 가격제한폭 제도

주가의 급격한 변동으로 인한 투자자들을 보호할 목적으로 상하한 가 제도를 운영하고 있다. 그러나 이러한 상하한가 제도는 시장의 효율성을 저해하는 요인으로 작용하여 결국은 점진적으로 확대되어 언젠가 없어질 가능성이 있다.

2.5. 매매거래의 중단

1) 서킷 브레이커(Circuit Breaker) 제도

① 1998년 12월 7일 도입
* 미국의 경우는 1987년 **Black Monday** 이후 제도가 논의됨.

② 시장참여자들에게 냉정한 투자판단의 시간을 제공

☞ 쉬어가기 ☜

서킷 브레이커와 같은 개념의 제도로 선물시장에 존재하는 제도는?

2.6. 증권회사의 업무

① 자기매매(dealer): 자기소유의 position에 대한 거래

② 중개업무(broker): 위탁매매업무

③ 인수주선업무(underwriting)

3. 주식과 채권

3.1. 주식의 종류

1) 보통주(common stock)와 우선주(preferred stock)

보통주는 소유권자가 의결권을 갖는 대신에 이익배당과 잔여재산 분배에 있어 어떤 제한이나 우선권도 갖지 못하는 주식이며, 우선주

는 의결권이 없는 대신에 배당이 가능한 이익이 발생하였을 경우나 잔여재산을 분배할 때에 보통주에 우선하여 소정의 배당이나 분배에 대한 우선 권리를 갖는 주식(경영권보다는 배당에 관심이 높은 투자자에 호소)

2) 구주와 신주

회사가 증자나 합병으로 새로이 발행되는 주식이 신주이며 이는 기존의 주식인 구주와 구분된다. 구주와 신주의 권리내용에는 다름이 없으나, 구주는 해당 사업연도의 배당에 온전한 권리가 있기에 사업연도 개시일 이후에 생겨난 신주는 배당락이 되는 날부터 신주와 구주는 자동으로 병합된다.

3.2. 주식의 가치평가

1) 배당평가모형

$$주식의\ 현재가치 = \frac{d}{r}$$

d＝배당
r＝요구수익률

2) 항상성 모형(constant growth model) - 고든모형

$$주식의\ 현재가치 = \frac{d}{r-g}$$

$$d = 배당$$

$$r = 요구수익률$$

$$g = 성장률(단\ g<r)$$

3.3. 투자의 대기들

▶ 조지 소로스[31]

① 약력

'월가의 검은 황제', '유대 금융파 대부' '현대의 연금술사'와 같은 별명을 가지고 20세기 말의 신종금융인 '헤지펀드(hedge fund)'로 자신의 존재가치를 알린 장본인으로 69년 투자 시작 이후 30년간 평균 35%의 투자 수익률을 기록함

② 퀀텀펀드

1973년 소로스 소유의 헤지펀드로 공격적 투자의 신화를 기록했고, 1992년 영국중앙은행(Bank of England)과의 외환전쟁에서 11억 달러를 챙기면서 미국 역사상 한때 개인수입으로는 최고를 기록하며 존재가치와 명성을 알리고, 전 세계의 이목을 집중시킴

③ 투자스타일
ⓐ 특정스타일이 없고 끊임없이 스타일을 변화시키는 변화추구형

---

31) 임태순 저, 핵심재테크, 한국학술정보(주), 2010, p.143 참조.

이다.

ⓑ 그는 불균형상태를 찾아 어떤 신호가 전달되면 움직이는 스타일로 직감과 이론이 합해진 상태에서 결정한다.

ⓒ 발달된 동물적인 감각에 많이 의존하는 편이다.

▶ 피터 린치[32)

① 약력

피델리티 투자회사(Fidelity Investment)의 마젤란(Magellan) 펀드의 펀드매니저로 10년간 100만 고객에게 25배의 수익률을 올려준 투자의 달인

② 투자비결

ⓐ 주식투자에 시간과 노력을 투자

ⓑ 한 템포 빠른 움직임

(주식이 화제에서 이탈－매입, 문의－50% 상승, 화젯거리 등장－매도)

ⓒ 발로 뛴 정보가 고급정보다.

ⓓ 주식투자는 과학이 아니라 예술이다(경제학자는 불리하다).

ⓔ 주식에는 전문가가 따로 없다.

ⓕ 종목선정보다 매매타이밍

---

32) 임태순 저, 핵심재테크, 한국학술정보(주), 2010, p.145 참조.

③ 투자핵심

ⓐ 발로 뛰어서 기업의 내부정보, 성장전망, 수익성을 포착

ⓑ 내부자의 매매 동향과 정보를 포착

▶ 워런 버핏[33]

① 약력

1956 – 1969년까지 10년간 30배의 투자 수익

주식투자로 일군 부로 세계 최고의 부자에 오름

② 투자방식

ⓐ 철저한 기업분석

ⓑ 충분히 이익을 줄 수 있는 소수기업에 장기투자

③ 투자원칙

ⓐ 욕심을 억제하고 투자게임 자체를 즐긴다.

ⓑ 인내력이 강해야 한다.

ⓒ 타인의 의견이 아닌 스스로 판단해야 한다.

3.4. 채권

채권은 발생 시부터 만기까지 일정한 이자가 지급되는 유가증권이다.

---

33) 임태순 저, 핵심재테크, 한국학술정보(주), 2010, p.92 참조.

채권가격은 주가처럼 시시각각으로 변하기 때문에 채권투자 시 매매차익을 얻을 수도 있으며, 발행자의 부도 시 원금회수가 불가능할 수도 있다.

3.5. 채권수익률의 결정요인

1) 내적 요인

① 잔존가치

다른 조건이 동일할 때 잔존가치가 길수록 채권가격의 변동성 위험이 크므로 투자자는 높은 수익률을 요구하게 된다.

② 채무 불이행 위험

위험이 클수록 위험프리미엄을 요구하게 되어 채권수익률은 올라간다.

③ 유동성

유동성이 높은 채권은 다른 조건이 동일하다면 투자자들은 유동성이 높은 채권을 선호함. 유동성이 낮은 채권은 높은 수익률을 요구함.

2) 외적 요인

① 금융시장의 자금사정

시중자금이 풍부하면 채권의 가격은 상승, 수익률은 하락함, 반대

로 시중자금사정이 좋지 않으면 채권에 대한 수요의 감소, 채권가격
은 하락, 수익률은 상승함.

3.6. 회사채의 등급평가(bond rating)

1) 국내 신용평가사들의 회사채 등급분류

<표 7-1> 회사채 등급분류[34]

등급	등급의 정의
AAA	원리금 지급확실성이 최고 수준임
AA	원리금 지급확실성이 매우 높지만, AAA등급에 비하여 다소 낮은 요소가 있음
A	원리금 지급확실성이 높지만, 장래 환경변화에 다소 영향받을 가능성이 있음
BBB	원리금 지급확실성이 있지만, 장래환경변화에 따라 저하될 가능성이 내재되어 있음
BB	원리금 지급능력에 당면 문제는 없으나, 장래의 안정성면에서는 투기적인 요소가 내포되어 있음
B	원리금 지급능력이 부족하여 투기적임
CCC	원리금의 채무불이행이 발생할 위험요소가 내포되어 있음
CC	원리금의 채무불이행이 발생할 가능성이 높음
C	원리금의 채무불이행이 발생할 가능성이 지극히 높음
D	현재 채무불이행 상태에 있음

자료: 한국기업평가(주)http://kmcc.com

---

34) 출처: 종합금융의 이해, 문영사, p.278.

2) 외국의 신용평가사들의 평가등급의 분류

〈표 7-2〉 회사채 등급분류[35]

S&P's	Moody's	등급의 정의
AAA	Aaa	투자등급채권 (investment grade bonds)
AA	Aa	
BBB	Baa	
BB	Ba	고위험채권(junk bond) 혹은 고수익률채권(high yield bond)
B	B	
CCC	Caa	
CC	Ca	
R	C	
SDandD		

자료:http://www.standardpoor.com   http://www.moodys.com

---

35) 출처: 종합금융의 이해, 문영사, p.279.

투자 이야기: 워런 버핏[36]

세계적인 투자자요, 동시에 세계적 갑부인 워런 버핏(Warren Edward Buffett)은 우리나라에서도 저서나 매스컴과 같은 여러 채널을 통하여 이미 잘 알려진 인물이다. 더욱이 금융 관련 지식에 관심이 높은 독자층에서는 '투자의 귀재'로 알려진 워런 버핏에 대해 너무 잘 알고 계시리라 추측이 되기 때문에 이곳에선 투자와 함께 살아온 워런 버핏의 삶과, 투자부문과 사회환원 부문에 한정 지어 다시 살펴보고자 한다.

워런 버핏은 세계최고의 갑부란 사실만으로도 그의 일거수일투족이 세인들의 주목을 받기에 충분하지만, 2006년 그는 자신이 소유한 자산의 85% 이상을 기부한다는 발표를 하여 세인(世人))들을 다시 놀라게 한 적이 있다. 11살부터 주식투자를 시작한 그는 26살이 되던 해에 고향인 네브래스카의 조그민 도시인 오마히에서 투자회사를 설립하고 6년 후인 32살에 이미 자신의 순자산이 100만 달러가 넘는 백만장자가 되었다. 그 후 그는 사업 수완을 발휘하여 방직회사, 투자회사, 백화점 및 보험회사를 차례로 인수하면서 사업영역을 넓혀 나갔고 동시에 부도 일궈 나갔다.

---

36) 출처: 임태순, 핵심재테크, 이담북스, 2010, p.92.

마침내 2007년 말에 620억 달러, 한화로 약 62조(이해를 돕기 위해 1달러＝1,000원으로 한산한 값임)로 세계최고의 갑부에 등극했다. 버핏의 투자비결은 가치(value)투자로 유명한데, 즉 자신이 이미 잘 알고 있는 회사에 한정하여 내재가치보다 주가가 저평가되었을 때만 투자하는 것으로 유명하다.

[퀴즈 문제]

* 아래의 내용이 맞으면 T, 틀리면 F를 빈칸에 표시하시오.
1. 신규상장이란 아직 주권이 상장되어 있지 아니한 주권의 발행인이 기업을 공개하여 주권을 상장하는 것을 말한다. (　　)
2. 발행시장(primary market, issuing market)은 '1차적 시장'이라고 한다. (　　)
3. 유통시장은 2차적 시장이라고 한다. (　　)

[정답] 1. (T) 2. (T) 3. (T)

[용어정리]

① 공모발행(public offering): 신주를 발행할 때, 일반투자자로부터 동일한 가격과 조건으로 모집
② 사모발행(private placement): 특정 수요자만을 상대로 하여 유가

[참고문헌]

김영진, 금융기관경영, 경문사, 1997.
금융의 연금술, 국일증권연구소.
남명수·김대호, 신 경영분석, 삼영사, 1997.
남명수·임태순, 재무관리의 이해, 법문사, 2007.
이요섭, 금융시장의 이해, 연암사, 2009.
이필상, 금융론, 박영사, 1985.
임태순, 핵심재테크, 이담북스, 2010.
피터 린치(금융인)저, 전설로 떠나는 월가의 영웅, 국일증권연구소.
황선웅, 증권투자론, 문영사, 1999.

제8장 증권시장(Ⅱ)

[학습목표]

1. 투자분석으로 기본적 분석인 경제분석, 산업분석 등에 대해 살펴본다.
2. 기업분석에 대해 살펴본다.
3. 기술적 분석에 대해 살펴본다.

1. 투자분석

1.1. 투자분석의 의의

1) 모든 투자자들의 투자동기라 할 수 있는 현재의 재산을 증식하여 미래시점에 보다 큰 가치를 추구하려는 목적에 부합할 수 있게 현재가치보다 미래가치가 높은 주식을 발굴하는 것이 투자분석의 의의

2) 효율적 시장이 존재한다 해도 현재가치에 반영되지 않은 정보를 찾아내서 초과수익을 얻으려는 노력의 과정이 투자분석이다.

3) 투자분석의 종류

① 기본적 분석 – 기본적 분석은 경제, 산업요인 등 기업가치에 영향을 주는 거시적인 요인으로부터의 분석

② 기술적 분석 – 기술적 분석은 주가의 흐름에 초점을 두고 일정한 패턴을 통한 주가 흐름을 예측 및 분석

1.2. 기본적 분석

1) 기본적 분석의 구성

- top down방식: ① → ② → ③
- bottom up방식: ③ → ② → ①

① 1단계: 경제분석

산업과 기업의 가치에 영향을 줄 수 있는 경제 전반의 주요 변수들을 점검하여 시장 전체에 대한 투자여건을 분석하는 방법이다. 구체적인 예로서는 경기변동, 국민소득, 환율, 이자율, 국제수지 등과 같은 거시경제지표를 근간으로 분석이 이루어진다.

② 2단계: 산업분석

거시경제지표의 근간이 되는 변수들로 이루어진 경제분석이라고 하더라도 연관되는 산업 간에 영향되는 것이 서로 상이한 경우가 존

재할 수 있기에 향후 경기나 성장성이 밝은 산업에 대한 분석이 요망된다. 따라서 산업분석에서는 산업이 제품의 수명주기(PLC)상에서 어느 단계인지, 경쟁 정도인지, 진입장벽의 정도는 어떤지 등에 대한 분석이 요망된다.

③ 3단계: **기업분석**

개별기업이 가지고 있는 역량을 분석하여 기업의 투자가치를 평가하는 단계로 실질적으로 투자성과에 가장 영향을 주는 단계를 말한다.

기업분석은 재무제표를 중심으로 하는 재무제표 분석, 그리고 그 외에 질적인 분석까지를 포함하는 경영분석을 의미한다.

1.3. 경제분석

1) 경기 변동 분석

〈표 8-1〉 경제상황과 주가와의 관계

	회복기	호황기	쇠퇴기	불황기
경기 상황	-저금리정책 -민간소비 수요 확대	-생산, 판매확대 -고용확대, 소비 증가 -물가, 금리상승	-소비수요 위축: 생산판매 감소 -기업수지악화 -금리차별화	-자금수요 감소 -실업, 재고누적 -이자율 하락
주가 와의 관계	-저금리와 경기 회복기 대로 주가 상승	-계속 상승하다 후퇴기를 대비해서 하락세 반전	-기업수지악화 -실질이자율 상승 -추가하락 및 침체	-주가바닥 확인 후 저점에서 상승세로 전환

2) 통화량

① 통화량의 증가는 주가의 상승요인으로 작용

② 채권은 투자수요로 인해 가격이 올라가고 수익률은 하락

③ 그러나 지나친 증대는 인플레이션을 유발하여 주식, 채권 모두
에 악영향

3) 물가

① 물가와 주가는 상반된 논리가 공존

② 적당한 수준의 물가 상승은 주가 상승 ⇒ 물가 상승은 기업가
치 증대

③ 반대로 물가 상승은 주가 하락 ⇒ 제품원가를 상승, 매출 하락

4) 금리

① 주가는 금리와 역의 관계

② 채권도 금리와 역의 관계

5) 환율 및 국제수지

① 국제수지 흑자 ⇒ 환율절상

② 국제수지 적자 ⇒ 환율절하

1.4. 산업분석

1) 산업의 라이프사이클

- 유아기
- 성장기
- 성숙기
- 쇠퇴기

* 제품의 수명주기(PLC)와 연관 지어 생각하기

2) 경쟁구조

3) 정부정책

2. 기업분석

2.1. 양적 분석

1) 유동성 비율

① 유동성 비율이란 기업의 단기채무능력을 평가하는 분석으로 분석 후의 평가는 안정성과 수익성이란 양면성의 해석이 이루어

져야 한다.

② 유동성 비율의 대표적인 분석으로는 유동비율(유동자산/유동부채)과 당좌비율(당좌자산/유동부채)이 있다. 유동비율은 200% 이상일 때, 당좌비율은 100% 이상일 때 안정적인 것으로 간주된다.

$$\text{유동비율} = \frac{\text{유동자산}}{\text{유동부채}}$$

$$\text{당좌비율} = \frac{\text{당좌자산}}{\text{유동부채}} = \frac{\text{유동자산} - \text{재고자산}}{\text{유동부채}}$$

2) 수익성 비율

① 수익성 분석은 투자자본에 대한 영업성과를 측정하는 분석의 도구이며 기업의 이익창출능력을 파악하는 지표이다.

② 총자산이익률(ROA: 영업이익/총자산, 순이익/총자산)과 자기자본순이익률(ROE: 순이익/자기자본)은 높을수록 수익성이 양호함을 보이는 지표이다.

$$\text{총자산영업이익률} = \frac{\text{영업이익}(EBIT)}{\text{총자산}}$$

$$\text{총자산순이익률} = \frac{\text{순이익}(EAT)}{\text{총자산}}$$

3) 활동성 비율

① 활동성 비율(activity ratios)은 특정자산이 얼마나 효율적으로 이용되는가를 평가하는 재무비율로서, 비율의 계산은 기업의 매출액을 평가하고자 하는 특정자산으로 나누어 회전률로 표시한다.

② 활동성 비율은 관리의 효율성 정도를 측정하기에 효율성 비율(efficiency ratios), 자산관리비율(asset management ratios) 또는 회전율 비율(turnover ratios)이라고도 한다.

$$\text{매출채권회전율} = \frac{\text{매출액}}{\text{매출채권}} = (회)$$

$$\text{총자산회전율} = \frac{\text{매출액}}{\text{총자산}} = (회)$$

$$\text{재고자산회전율} = \frac{\text{매출액}}{\text{재고자산}} = (회)$$

$$\text{비유동(舊, 고정자산)회전율} = \frac{\text{매출액}}{\text{비유동(고정)자산}} = (회)$$

4) 레버리지 비율

① 레버리지(leverage) 비율은 기업경영의 안정성과 장기부채사용에 따른 원리금 상환능력, 즉 채무 불이행위험에 관한 정보를 제공해 준다.

② 유동성 비율이 기업의 단기부채의 상환능력에 관한 정보인 데 반하여 레버리지비율은 기업의 장기부채지급능력비율이며 기

업의 타인자본의존도를 측정하는 비율이다.

③ 채권자의 입장에서는 채권보존의 안정성을 나타내므로 안정성 비율(safety ratio)이라고도 한다.

$$부채비율(D/E) = \frac{총부채}{자기자본}$$

$$부채구성비율(D/A) = \frac{총부채}{총자본}$$

$$이자보상비율 = \frac{영업이익(\mathit{EBIT}) + 감가상각비}{이자비용}$$

5) 생산성 비율

① 생산성 비율(prductivity ratios)은 기업경영활동에 투입되는 노동, 자본 등 여러 생산요소가 달성하는 경영능률과 성과배분의 합리성을 분석하는 비율이다. 즉 생산 능률성을 측정하는 방법이다.

② 생산성 비율은 생산요소 투입대비 산출의 비율로 산정한다.

③ 생산성 비율은 부가가치비율, 자본생산성 비율, 노동생산성 비율 등이 있다.

$$부가가치율 = \frac{부가가치액}{매출액}$$

$$부가가치율 =$$

$$\frac{순이익}{매출액} + \frac{인건비}{매출액} + \frac{임차료}{매출액} + \frac{이자비용}{매출액} + \frac{세금및제공과금}{매출액}$$

$$\text{총자본투자효율} = \frac{\text{부가가치}}{\text{총자본}}$$

$$\text{종업원 1인당 부가가치} = \frac{\text{부가가치}}{\text{종업원수}}$$

2.2. 질적 분석

1) 사업성과 성장성
2) 경영자의 능력
3) 조직 및 인적 구성
4) 기술력
5) 업계 내의 지위

3. 기술적 분석

3.1. 기술적 분석의 의의

① 주가는 시장 내 수요와 공급의 상호작용에 의해서만 결정된다.
② 사소한 시장의 변동을 무시하면, 주가는 추세(trend)에 따라 움
직이는 경향이 있다. 즉 관성의 법칙처럼 "일단 주가의 추세가
형성되면 기존의 추세를 유지하려는 힘"이 작용한다.
③ 추세의 변화는 수급의 변동에 의해 발생하며, 수급은 시장 움

직임에 영향을 주는 모든 외적 환경의 변화(정치, 경제, 사회, 문화적 요인)를 반영한다.

3.2. 도표의 종류

도표는 주가의 움직임을 어떻게 그리는가에 따라 선도표(line chart), 봉도표(bar chart) 그리고 점수도표(point and figure chart) 등이 있다.

1) 선도표(line chart)

매일의 종가를 직선으로 연결한 도표를 말한다.

2) 봉도표(bar chart)

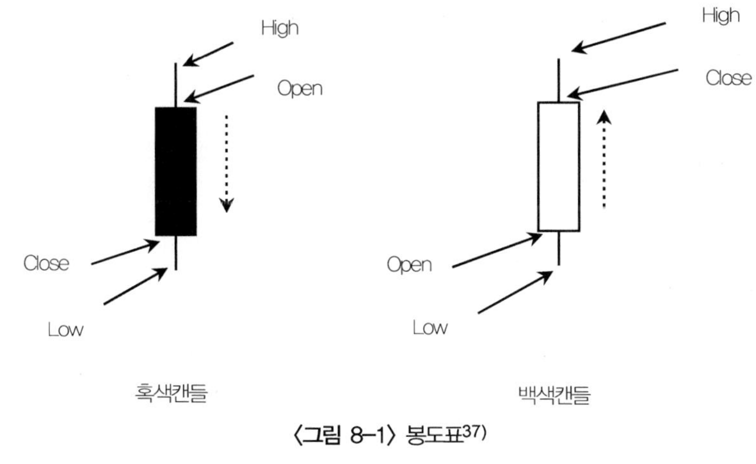

〈그림 8-1〉 봉도표[37]

---

37) 출처: 종합금융의 이해, 문영사, p.358.

봉도표는 일정 기간 동안의 시가, 종가, 최고가, 최저가를 막대(봉)로 표시한 것으로 기술적 분석가들이 가장 많이 이용하는 방법이다. 봉도표는 작성 기간에 따라 일봉도, 주봉도, 월봉도로 나누어지며, 종가가 시가보다 상승했을 때는 흰색이나 적색으로 표시하여 상승선(양선)을 나타내고, 하락했을 때는 흑색이나 파란색으로 표시하여 하락선(음선)을 나타낸다.

3) 점수도표

점수도표는 주가의 변동을 그대로 표시하는 것이 아니고 주가가 사전에 정해진 가격폭 이상으로 상승할 때는 ×표로, 하락할 때는 ○표를 사용하여 표시하는 방법을 말한다.

3.3. 추세분석

1) 지지선(supporting level)
2) 저항선(resisting level)

〈그림 8-2〉 추세선의 유형

3.4. 이동평균분석[38)

〈그림 8-2〉 추세선의 유형

○ Golden Cross : 20일 MA가 60일 MA를 상향 돌파하는 형태

▷ 매수신호

○ Dead Cross : 20일 MA가 60일 MA를 하향 돌파하는 형태

▷ 매도신호

---

38) 출처: 왕초보도 쉽게 배우는 기술적 분석, 박영호, 진리탐구, p. 53.

개인이 주식투자 성공하려면[39]

초저금리와 고령화, 고용에 대한 불안감이 복합적으로 작용하면서 개인들의 주식투자에 대한 관심이 매우 높다. 하지만 투자 자금이나 경험, 정보 획득 속도나 분석력에서 전문투자가에 비해 불리한 위치에 놓일 수밖에 없는 일반 개인투자자가 주식이나 펀드와 같은 금융상품에 투자해 높은 수익을 올리는 것은 그리 쉬운 일이 아니다.

일반인 입장에서 주식과 펀드에 투자해 성공 확률을 높일 수 있는 방법을 소개한다.

1단계: 개인투자자가 주식 투자에 도전할 때 투자 대상 종목 수는 5~10개 정도로 한정하는 것이 좋다. 이들 종목에 대해서만 분석하고 매매하며 다른 종목들은 쳐다보지 않는다. 연초에 발행된 경제전망 서적을 정독하거나 평소 잘 아는 업종 안에서 혹은 자신이 사용하는 제품을 만드는 회사 중에서 마음에 드는 종목을 골라도 된다. 이때 주의해야 할 점은 재무구조가 취약한 종목은 피해야 한다는 것이다.

2단계: 투자 대상 종목이 결정되면 노트 한 권을 마련해서 종목마다 매일 주가, 거래량, 공시사항, 관련 뉴스를 정리한다. 또 증권사의 분석 보고서가 발표되면 증권사, 애널리스트 이름, 투자의견을 적

---

39) 출처: 매일경제 2010. 3. 19일자 내용을 저자가 다시 정리함.

고 투자 논리를 5줄 이내로 요약하여 기록한다.

3단계: 투자시점 포착과 분할매수 전략을 구사한다. 2단계를 통하여 주가가 어떤 뉴스에 반응하는가에 관한 습성과 전문가인 애널리스트의 시각, 주식 가치에 대한 밸류에이션 등을 어느 정도 파악하여 저평가되었다고 판단될 때 투자한다. 투자할 때는 풀베팅하지 않도록 주의한다. 철저히 분할 매수한다. 금을 남겨 둬서 만약의 경우에 대비한다. 만약 이런 노력을 하기 힘들면 간접투자인 펀드에 가입하라. 직접투자보다 시간과 노력이 절약되지만 펀드 투자 또한 신경을 써야 할 부분이 적지 않다.

4단계 적어도 분기에 한 번 정도는 포토폴리오를 점검한다. 국내 경기 흐름과 자신의 자산 구성 상황에 대해 모니터링하고 진지하게 고민해 볼 필요가 있다.

마지막으로 덧붙이고 싶은 말은 자신의 본업에 충실한 것이 최고의 재테크 방법 중 하나라는 것이다. 자신이 하는 일에 충실하여 본인의 가치를 높임으로써 높은 연봉과 성과급을 받거나 사업에 성공하는 것이 훨씬 빠른 재테크의 지름길이 될 수 있기 때문이다.

[퀴즈 문제]

* 아래의 내용이 맞으면 T, 틀리면 F를 빈칸에 표시하시오.

1. 투자분석에는 기본적 분석과 기술적 분석이 있다. (   )
2. 도표는 주가의 움직임을 어떻게 그리는가에 따라 선도표(line chart), 봉도표(bar chart) 그리도 점수도표(point and figure chart)

등이 있다. (   )

3. 금리와 주식은 부(-)의 상관관계이다. (   )

[용어정리]

① 골드크로스

단기 이동평균선이 중기이동평균선과 장기이동평균선을 뚫고 올라가는 상황을 의미하며 미래주가가 상승할 것을 예고한다.

② 데드크로스

골드 크로스와 달리 단기 이동평균선이 중기이동평균선 밑으로 밀리는 상황을 의미하며 미래주가가 하락할 것을 예고한다.

[참고문헌]

강병호, 금융제도론, 박영사, 1998.
공재식 · 류근옥 · 박영규, 종합금융의 이해, 문영사, 2001.
김영진, 금융기관경영, 경문사, 1997.
남명수 · 김대호, 신 경영분석, 삼영사, 1997.
남명수 · 임태순, 재무관리의 이해, 법문사, 2007.
박영호, 왕초보도 쉽게 배우는 기술적 분석, 진리탐구, 2001.
한국거래소(KRX) 홈페이지: http://www.krx.co.kr/
한국은행, 우리나라의 금융제도, 1999.
한국은행, 기업경영분석, 2000.
한국증권업협회, 증권시장의 이해, 2000.
매일경제 2010. 3. 19일자 기사내용.

제**5**편

보험시장

- 제9장 보험시장
- 제10장 보험시장(II)

제9장 보험시장

1. 보험의 개념 및 의의

☞ 함께 생각해 보자 ☜

보험에 대해 다시 뒤집어 보기

(주변의 이야기): 국산소형차의 비애(수입차와 접촉사고)

사례1)
쏘나타 승용차 운전자 홍모(50) 씨는 얼마 전 서울 여의도에서 후진하다가 옆에 주차된 벤츠350의 문을 살짝 긁었다가 피해자 요구로 문짝을 새것으로 교체하느라 500만 원을 날렸다.
* <u>참고</u>: 연합뉴스(외제차 접촉사고 피해 줄이려면 – 대물한도 1억 보험 가입)

사례2)
소형차 운전자인 간호사 A 씨는 출근하느라 눈길 언덕을 내려오다 외제승용차와 접촉사고를 내는 바람에 보험으로 불충분하여 본인의 전세금을 빼서 변제를 하였다.

* 본 내용은 실화이다.

(주변의 이야기): 람보르기니 vs. 페라리

출처: http://www.wisia.com/item/14027

〈그림 9-1〉 람보르기니

출처: dkbnew 2006. 8. 2. 페라리 모습(시가 80억원 페라리 모습)

〈그림 9-2〉 페라리

1.1. 보험(Insurance or Assurance)의 개념

현대사회를 살아가는 우리에게 노출되는 미래의 불확실성이라는 환경변수와 불확실성을 회피하고자 하는 인간 본성의 만남이 보험제도의 등장과 발전을 가능하게 하고 있다.

① 개인적인 위험에서 불확실한 자본의 손실에 대응하기 위해 재산을 축적하는 사회적 장치이다(Willett).
② 보험은 손실의 집단공유(risk pooling)를 통해서 불확실성을 확실성으로 대체시키는 정식 사회장치다(Kulp).
③ 우연한 사고 발생으로 입은 개별적 손해를 같은 위험에 노출되어 있는 다수가 공동의 힘으로 피해를 복구시켜 주는 경제제도로서 위험(risk)을 관리하는 여러 수단 중의 하나이다.

* 위험(risk): 이는 기댓값으로부터의 이탈(deviation)의 정도로 측정의 크기는 표준편차로 나타내진다.

1.2. 보험의 기능

① 보험 가입자 간의 경제적 상호 부조 역할

② 가계와 기업의 경제 활동을 촉진시켜 사회적 자본의 형성으로 경제발전 도모

③ 각종 재해에 대한 예방

④ 보험에 의한 가치의 보장으로 자금의 융통을 원활

⑤ 거래나 금융 등에 있어 신용도의 증가

1.3. 발생빈도와 강도에 따른 위험관리

위험관리(risk management)는 위험에 의한 사고의 발생이 아래의 조건 중에서 어느 유형에 해당하는가에 따라 합리적인 관리방법이 달라진다.

① 얼마나 빈번(frequency)하게 일어나는가?

② 그 손실의 크기(severity)가 얼마나 되는가?

구분		빈도	
		대	소
크기	대	인수회피(aversion)	주요인수대상
	소	안전관리개발시급	위험보유(retention)

2. 보험의 종류

2.1. 위험대상에 의한 분류

1) 생명보험(人保險, Life Insurance)-사람의 생명 및 신체에 대한 보험

① 생존보험: 피보험자가 보험 기간의 만료일까지 생존하고 있어야만 보험금이 지급되는 것으로서 저축의 기능이 강하다.
예) 퇴직보험, 교육보험, 결혼보험

② 사망보험: 피보험자가 사망 시 보험금을 지급하는 보험으로 위험 보장의 기능이 강화

③ 종신보험: 사망 기간이 한정되어 있지 않아 보험금이 지급되는 보험

④ 정기보험: 사망이 일정 기간 내에 한하여 이루어졌을 때 보험금이 지급되는 보험

⑤ 양로보험: 사망보험과 생명보험이 혼합된 보험으로서, 저축성

기능과 위험보장의 기능을 함께 갖는 보험

⑥ 상해보험: 피보험자가 우연한 사고로 신체상의 상해를 입었거나, 이로 인하여 사망, 불구 등이 되었을 경우 보상해 주는 보험

⑦ 연금보험: 일정한 연령에 도달하면 보험금을 피보험자의 사망 시까지 연금의 형식으로 분할 지급하는 보험

2) 손해보험(物保險, Casualty Insurance) – 재산의 경제적 손실에 대한 보험

① 화재보험: 우연한 화재로 인한 사고로 발생된 재산상의 손해에 대해 보상해 주는 보험

② 해상보험: 선박이나 선박에 실려 있는 화물이 손해를 입었을 때, 이를 보상해 주는 보험

③ 자동차보험: 자동차 사고로 인한 손해를 보상해 주는 보험

④ 그 밖의 보험: 배상책임보험, 항공보험, 건설공사보험, 기계보험 등

2.2. 경영주체에 의한 분류

1) 공영보험: 국가 또는 공공단체가 공공복지를 목적으로 경영
    예) 의료보험(혹은 미국의 **Blue Shield**)
2) 민영보험: 민간보험업자에 의해 보통 영리를 목적으로 경영

2.3. 가입자의 주체에 의한 분류

1) 가계보험: 가정경제의 안정도모를 목적
2) 기업보험: 기업경제의 안정도모를 목적

2.4. 보험 기간의 장단에 의한 분류

1) 장기보험: 보통 5년 이상의 계약 기간
2) 단기보험: 보통 1년 이하의 계약 기간

2.5. 보험책임에 의한 분류

1) 원보험: 보험 가입자와 보험자의 최초 계약보험
2) 재보험: 원보험자가 부담해야 하는 보험 계약상의 책임의 일부
   또는 전부를 다시 보험자에게 인계한 보험
3) 공동보험: 둘 이상의 보험자가 보험 목적을 공동으로 인수하는
   보험
4) 중복보험: 동일한 목적물 및 기간에 많은 보험자와 보험계약이
   체결되어 총보험 금액이 보험 가액을 초과하는 보험

2.6. 보험계약의 형태에 의한 분류

1) 전액보험: 보험가액＝보험금액
2) 일부보험: 보험가액 〉보험금액
3) 초과보험: 보험가액〈 보험금액
4) 포괄보험: 두 가지 이상의 보험 목적물이 일괄 한 개의 보험금
   액으로 체결된 보험

2.7. 보험금 보상 방법에 따른 분류

1) 손해보험(＝평가보험)
2) 정액보험: 계약상의 일정 금액을 보상해 주는 보험

2.8. 사회보험

1) 사회보험의 개념

사회보험이란 사회보장제도의 한 수단으로 사회구성원의 사망, 노령, 퇴직, 실업, 질병 등으로부터 그들과 가족들이 입는 경제상의 손해를 전보하여 줌으로써 국민 생활의 안정을 도모하려는 공적 보험이다.

2) 사회보험과 생명보험

<표 9-2> 사회보험과 생명보험

구분	사회보험	생명보험
가입방법	강제가입	임의보험
보험료 부담	사용인, 피보험자, 국가분담	보험계약자
보험료크기	획일적인 정액보험	개개의 필요에 따른 개별보험료
종류	산업재해보상보험, 의료보험	사망보험, 생존보험, 양로보험

☞ 함께 생각해 보자 ☜

현대인들이 경제생활에서 조우하게 되는 위험은 어떻게 나뉠까?

⇒현대인들이 경제생활에서 만나게 되는 위험은 크게

① 순수 위험(pure risk): 해당 자산의 수익률이 영(zero) 아니면 음
(마이너스)의 방향으로 나타나는 위험으로 이런 위험관리의 대
표적인 금융수단이 보험(insurance)이다.

② 투기적 위험(speculative risk): 투기적 위험은 해당 자산의 수익
률이 영(zero)은 물론이고, 음(−), 그리고 양(+)까지 발생하는
위험으로 이러한 투기적 위험을 관리하는 금융수단은 옵션, 선
물과 같은 파생상품이다.

3. 세계 보험시장의 동향 및 추세

3.1. 세계 보험시장의 동향

1) 전체 동향

① 전 세계 보험시장은 방카슈랑스시대를 맞이하여 규제완화, 경기침체 등에 기인하여 선진국과 기타 국가와의 보험산업 격차는 더욱 확대되었다.

② 보험업 실적을 보면 지역적으로 큰 편차가 있는데, 아프리카, 오세아니아, 라틴아메리카, 중동, 북미는 강세를 보이며 지난 10년 평균치보다 높은 성장세를 기록하고 있다. 한편, 금융위기로 침체를 보이던 극동, 러시아, 동남아시아와 동유럽이 이제는 침체에서 벗어나서 신장세를 보이고 있는 중이다.

③ 전반적으로 북미, 서유럽, 오세아니아 등 선진국 시장의 강세가 지속되고 있으며, 전 세계 수입보험료의 9/10를 북미, 일본, 서유럽과 오세아니아 시장이 점유하고 있는 추세이다.

④ 선진국들은 전 세계 인구의 **14.6%**만을 차지하고 있으면서도 전 세계 **GDP**의 **76.9%**를 생산하며, 수입보험료의 **90%** 이상을 차지하고 있다. 지역별 보험현황은 아래와 같다.

〈표 9-3〉 지역별 보험가입 현황

구분	미주지역	유럽지역	아시아지역
손해보험	49.3%	33.3%	14.8%
생명보험	30.0%	31.8%	34.7%

2) 선진국 시장

① 선진국 시장은 1990년대 이후 하향 안정화되었는데, 특히 손해
   보험 시장에서 성장세가 크게 둔화되었다.
② 손해보험의 수입수수료가 큰 폭으로 감소한 것은 금융 부문 자
   유화로 인해 보험요율이 인하한 데 기인된다고 하겠다.

3) 신흥시장

① 신흥시장은 개인부문 보험의 성장률이 과거 10년 동안 커다란
   변화를 경험하였는데, 신흥시장 중에서도 가장 중요한 동남아
   시아 지역은 신흥시장 수입보험료의 50% 이상을 차지하고 있
   으나 금융위기(1980년에서 1997년) 이전까지는 연평균 10% 이
   상의 성장세를 기록했고, 금융위기로 인하여 생명보험과 손해
   보험이 한때 2.7%, 1.7% 감소하기도 했으나 현재는 회복단계를
   넘어 신장세를 보이고 있다.
② 라틴아메리카는 7.2%의 높은 성장세를 보였고 특히 생명보험
   의 성장세가 손해보험의 성장세를 앞지르고 있는 실정이다.
③ 중앙 및 동부 유럽은 러시아 및 불가리아의 시장이 침체되어
   손해보험 수입 보험료가 감소하였고, 숭농지역의 보험업의 발
   달이 너무 더딘 형편이다.

3.2. 세계 보험시장의 주요 추세

1) 냉전종식으로 인한 정치적 안정, 경제적 기회부여로 국제화의 촉진

① 각국 정부는 자국의 금융업 발전을 위한 환경을 제공하며 이에 따라 기업은 국적보다는 경쟁력으로 승부함
② 보험업의 측면에서도 초국가기구(예, IMF, GATT)와 초지역적 협정(예, 바젤협정)의 영향을 받게 됨

2) 대형화와 업무영역 확대

① 세계 각국에서 대형화를 위한 합병과 타 금융권과의 업무제휴가 활발하게 이루어지고 있음
② 유럽의 경우는 생명보험업계가 종합소매금융서비스를 제공하여 만기보험금의 외부유출을 차단하고 다양한 고객서비스를 통한 고객의 욕구를 충족시키고 있음

3) 판매채널 다양화

① 전통적인 모집조직인 설계사, 대리점 이외에도 재무설계사(financial planner), 은행, 직접 판매, 인터넷 등 다양한 판매채널 활용
② 목표 고객군별 요구에 맞는 판매채널을 적용하는 것이 중요해지고 있음

③ 최근에 들어서는 홈쇼핑을 통한 판매도 강화

4) 위험 관리체계 및 지급능력규제 강화

① 세계 각국의 보험종사자들은 금리 위험 및 보험사 경영에 관한
   각종 위험에 대처하기 위해 위험관리 체계를 확립하려 노력하
   고 있음
② 특히, 지급능력이 위태로워질 위험에 많은 대비를 모색하고 있음

한국인, 은퇴준비 '불안감' 亞 최고[40]

한국인이 느끼는 은퇴준비 불안감은 아시아 최고 수준인 것으로 파악됐다.

한국, 홍콩, 싱가포르, 말레이시아, 대만, 인도, 중국 등 아시아 7개국을 대상으로 한 장기저축계획 설문조사(HSBC아시아 인슈런스 모니터)에 따르면 한국인의 79%는 현재 자신의 저축수준을 낮게 평가하고 있는 것으로 드러났다. '충분히 저축 중'이라고 응답한 비율은 19%로 아시아 7개국 중 5위, '필요 이상 저축 중'의 응답 비중은 2%로 최하위를 기록했다. 이번 조사는 각국의 35~65세 성인남녀 3,563명을 대상으로 진행됐으며 한국은 전국을 대상으로 총 532명이 설문에 참여했다.

또한 한국인 10명 중 6명은 은퇴에 대해 걱정이 많은 것으로 나타났다. 위협요소로 은퇴자금 부족(61%)을 꼽는 응답자가 가장 많았으며 응답자의 57%가 장기적인 재무 목표로 '은퇴 후 생활보장을 꼽았다.

한국인은 향후 6개월간 가입하고자 하는 보험 및 저축상품으로 '원금 보장상품'(43%)을 주로 고려하는 것으로 조사됐다. 소득제공상품(31%)과 저위험 투자상품(27%)이 그 뒤를 이었다. 선호하는 저축상환 방식에 대해서는 '은퇴 후 목돈으로 받고 싶다'(36%)는 응답자가 가장 많았다.

---

40) 매일경제, 2010. 3. 18일자 기사내용.

[퀴즈 문제]

* 아래의 내용이 맞으면 T, 틀리면 F를 빈칸에 표시하시오.

1. 보험이란 우리에게 노출되는 미래의 불확실성이라는 환경변수와 불확실성을 회피하고자 하는 인간 본성에서 출발되었다고 볼 수 있다. ( )
2. 손해보험이란 재산의 경제적 손실에 대한 보험을 의미한다. ( )
3. 보험의 판매 채널은 과거와 비교하여 매우 다양화되고 있다. ( )

[정답] 1. (T) 2. (T) 3. (T)

[용어정리]

① 사회보험

사회보험이란 사회보장제도의 한 수단으로 사회구성원의 사망, 노령, 퇴직, 실업, 질병 등으로부터 그들과 가족들이 입는 경제상의 손해를 전보하여 줌으로써 국민 생활의 안정을 도모하려는 공적 보험이다.

② 순수 위험(pure risk)

해당 자산의 수익률이 영(zero) 아니면 음(마이너스)의 방향으로 나타나는 위험으로 이런 위험관리의 대표적인 금융수단이 보험(insurance)이다.

[참고문헌]

강병호, 금융제도론, 박영사, 1998.
공재식 · 류근옥 · 박영규, 종합금융의 이해, 문영사, 2001.
김영진, 금융기관경영, 경문사, 1997.
남명수 · 김대호, 신 경영분석, 삼영사, 1997.
남명수 · 임태순, 재무관리의 이해, 법문사, 2007.
보험경영연구회, 보험과 위험관리, 문영사, 1999.
이요섭, 금융시장의 이해, 연암사, 2009.
매일경제, 2010. 3. 18일자 기사내용.
이미지 출처: http://www.wisia.com/item/14027
이미지 출처: dkbnew 2006. 8. 2.

제10장 보험시장(Ⅱ)

[학습목표]

1. 인보험(생명보험)에 대해 살펴본다.
2. 손해보험에 대해 살펴본다.
3. 보험공급자에 대해 살펴본다.

1. 인보험

1.1. 인보험(Life Insurance)의 개념

현대사회를 살아가는 우리는 고도의 산업화와 생활의 복잡화로 인하여 언제 발생할지 모를 각종 위험(재해, 사망, 교통사고, 성인병 또는 질병)과 노후 생활대책 등 미래에 대한 불안 속에서 생활하는데, 이런 각종 위험에 대한 대비를 통하여 안정된 생활을 보장하는 기능을 한다.

① 일생을 영위하는 동안 발생하게 될지도 모르는 질병, 상해, 장애, 사망 및 퇴직으로 인한 소득상실의 위험에 대비하는 상부상조의 경제적 제도

② 공동준비자산을 통하여 불의의 사고를 당한 계약자에게 경제적 손실을 보전해 주는 제도

③ 위험뿐만 아니라 가정에서 자녀의 교육 등과 같이 큰 자금이 필요할 때 장기간에 걸친 계획과 준비를 통하여 가능하게 하는 제도

1.2. 인보험의 원리

① 보험의 기본원리는 우리나라의 전통적인 상부상조의 정신에 기반을 두고 있다.

② 보험은 상부상조 정신을 효과적으로 구현하기 위하여 과학적이고 합리적인 방법으로 제도화한 것이며, 이의 기초가 되는 것이 대수의 법칙, 생명표, 수지상등의 원칙이다.

1) 생명표

① 보험 가입자를 대상으로 각 연령에 대한 사망통계치를 구하여 작성한 생명표(Life table)로 생명표는 생존율, 사망률, 평균연령 등을 나타낸다.

ⓐ 국민생명표 – 전 국민을 대상으로 작성

ⓑ 경험생명표 - 보험가입자를 대상으로 작성

② 보험사는 경험생명표를 이용하여 보험요율이나 책임준비금을
계산하는 데 사용한다.

2) 대수의 법칙과 사망률

① 생명보험의 확률이론은 대수의 법칙(The law of large numbers)을
전제로 한다. 대수의 법칙이란 노출위험(loss exposure)의 개수
가 많을수록 자료를 이용하여 추정된 율은 알려져 있지 않은
원하는 참률(true value)에 근접한다는 이론이다.

예) 주사위 던지기 게임을 계속한다면 어떤 숫자가 나올 확률은 1/6

3) 수지상등의 원칙

① 생명보험사는 보험사고에 대한 보험금지급과 가입자가 지불한
보험료가 같도록 보험료를 산정하는데 이를 수지상등의 원칙
이라고 한다.

② 즉 장래에 지급될 보험금의 현가(present value of future benefit)
와 장래 납입될 보험료의 현가(present value of future premium)
가 동일하게 보험료가 책정됨

$$PVFB = PVFP$$

PVFB: 미래혜택의 현재가

PVFP: 미래프리미엄의 현재가

1.3. 인보험의 역사

1) 전근대적 생명보험

13-14세기경 회원 상호 간 단결하여 구성원이 사고를 당했을 때 상호 부조하던 유럽의 길드를 들 수 있다.

2) 근대적 생명보험

영국에서 근대적 생명보험회사인 에퀴터블 생명보험회사(Society of the Equitable Assurance)가 설립되었고, 미국은 반세기 늦은 1809년 펜실베이니아 보험회사가 설립되고, 1830년 뉴욕생명이 설립되었다.

1.4. 생명보험 상품의 보험료

1) 보험료 계산의 기초

가입자가 동등하게 부담해야 하는 원칙에 따라 과학적 근거를 바탕으로 예정사망률, 예정이율 등을 사용하여 합리적으로 계산

$$P = \frac{E(L)}{1+r}$$

$$P^* = \frac{E(L)}{1+r} + P^*\lambda$$

$$P: \text{보험료(순보험료)}$$

$$E(L): \text{기대손실액}$$

$$r: \text{예정이율(할인율)}$$

$$P^*: \text{총보험료}$$

$$P^*\lambda: \text{사업비(총보험료*일정비율)}$$

2) 예정사망률

생명표에 의하여 사망률을 기초로 하여 장래의 사망보험금 및 만기보험금 지급에 필요한 보험료를 계산하는데 이때 사용되는 사망률을 예정사망률이라고 한다.

3) 예정이율

보험료수입과 보험료지급 간의 시간적 여유를 통하여 보험회사는 적립금을 운용하여 얻는 수익을 감안하여 보험료를 할인하여 산출하는데, 이 계산에 사용되는 이율을 말한다.

4) 예정사업비율

보험회사가 보험계약을 체결, 유지, 관리하기 위해 요구되는 경비를 예상하고 보험료에 포함시키는데, 이 계산에 사용되는 사업비율을 의미한다.

5) 보험료의 구성

보험계약자가 보험회사에 납입하는 보험료를 영업보험료라 하는데, 순보험료와 부가보험료로 구성되었다. 순보험료는 보험금 지급에 충당되는 부분이고, 부가 보험료는 일체의 경비 등에 충당되는 부분이다.

6) 보험료와 만기 보험금과의 관계

저축성 보험의 경우는 만기시점에 납입한 보험료보다 많은 만기 보험금을 받게 되지만, 보장성 보험에 가입한 경우에는 만기 시에 지급되는 보험금이 납입한 보험료와 같거나 혹은 적어질 수도 있다.

7) 보험료와 해약환급금액과의 관계

보험은 은행의 저축과 달리 저축과 보장을 겸한 제도로서 계약자가 납입한 보험료 중 일부는 불의의 사고를 당한 다른 가입자에게 보험금으로 지급되고 또 다른 일부는 보험회사의 운영에 필요한 경비로 사용되므로 중도해약 시 지급되는 해약환급금은 납입한 보험료보다 적거나 없을 수도 있다.

2. 손해보험

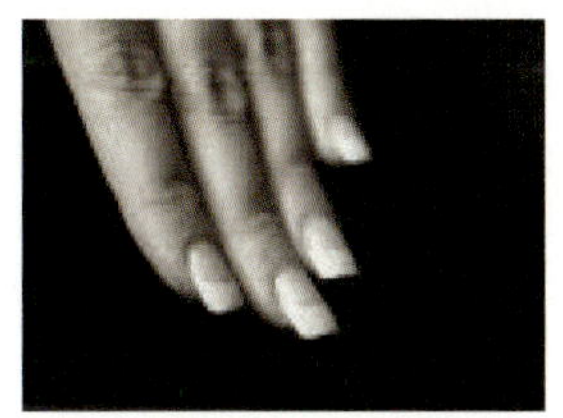

출처: *healthbusan.co.kr*

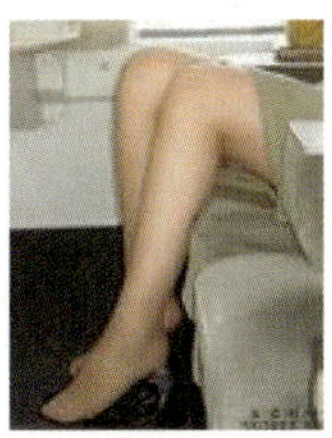

출처: *freelog.net*

출처: *ybweather.cn*

〈그림 10-1〉 특수보험 대상

2.1. 손해보험의 개념

1) 손해보험의 의의(物保險, Casualty Insurance)

① 보험사고 발생의 객체가 주로 피보험자의 재산

    cf. (생명보험은 피보험자의 신체)

② 우연한 사고를 보험사고로 하기 때문에, 사고발생의 여부, 사고

발생 시간 그리고 사고발생의 규모가 모두 불확정하다는 특징
③ 보험계약자가 약정한 보험료를 지급하고 상대방인 보험자가 우
연한 사고로 인하여 생길 피보험자의 손해를 보상할 것을 약정
함으로써 효력이 생기는 계약

2) 손해보험의 역사

① 고대 바빌로니아의 함무라비 법전(기원전 4000년)
② 해상보험은 북해연안 및 지중해 지역에서 발달(14세기)
③ 화재보험은 독일에서 시작하여 런던으로(16세기에서 17세기)
④ 특종보험은 교통통신의 발달로 20세기 초부터

3) 손해보험의 기능

① 생활 안정의 확보 - 위험에 대한 대책
② 피해자의 보호 - 해상보험은 북해연안 및 지중해 지역에서 발달
(14세기)
③ 신용의 보완 - 개인신용의 보완으로 금융거래 촉진
예) 화재로 인한 담보물의 멸실 위험을 화재보험가입으로 신용보완

2.2. 손해보험의 종류

① 화재보험 - 주택, 건물, 창고 등의 화재보험

② 해상보험 – 적하보험, 선박보험, 운송보험

③ 자동차보험 – 자동차손해배상책임보험, 자동차종합보험

④ 보증보험 – 신원보증보험, 이행보증보험

⑤ 기계보험 – 조립보험, 기관기계보험

⑥ 책임보험 – 배상책임보험, 근로자재해보상책임보험

⑦ 종합보험 – 등산종합보험, 재산종합보험

⑧ 특종보험 – 항공보험, 상해보험, 도난보험 등

2.3. 손해보험의 원리

1) 우연적인 사고의 존재

손해보험은 우연적인 사고의 발생을 전제조건으로 한다. 즉 우연성은 일정한 기간이라는 조건하의 불확실성을 의미하며, 사고의 발생 여부, 발생 시기, 발생 정도의 전부 또는 일부가 불확정함을 의미한다.

2) 경제상의 불안정의 제거경감

손해보험은 특정한 우연사고에 관련되는 경제상의 불안에 대해서 사전 준비를 통하여 이것을 경감 제거하고 마치 사고 이전의 경제상태를 유지시키는 목적을 가진다.

3) 다수 경제단위의 집합

손해보험은 동질적인 위험에 노출되어 있는 다수의 경제단위, 즉
보험 가입자의 집합에 의해서 형성되는 제도로서 대수의 법칙의 적
용이 가능하게 한다.

4) 공평한 자금의 부담

손해보험은 보험가입자의 위험률에 따라 보험가입자 모두가 수긍
할 수 있는 과학적인 산출방법에 따라 공평하게 보험료를 부과하여
야 한다.

5) 사회적 경제제도

손해보험은 장래의 예측할 수 있는 커다란 사고에 대비하여 비교
적 저렴한 보험료로 상호 보장하는 사회적 경제제도이다.

2.4. 손해보험의 원리(운영원리)

1) 위험의 분담

독일의 마네즈가 설파했듯이 "만인은 1인을 위하여, 1인은 만인을
위하여"의 정신에 기초하여 동일한 위험을 안고 있는 다수의 경제단
위가 하나의 위험집단을 구성해서 각자가 갹출한 보험에 의하여 구
성원이 입는 손해를 보상하는 위험분단제도이다.

2) 대수의 법칙

동일위험에 당면하고 있는 사람이 대량 관찰할 수 있을 정도로 다수이어야 보험이 성립한다.

3) 급부반대급부의 원칙

위험집단 구성원 각자가 부담하는 보험료는 평균지급보험금에 사고발생의 확률을 곱한 금액과 같다.

4) 수지상등의 원칙

수입보험료의 총액이 지급보험금과 같도록 정해져야 한다.

5) 실손보상의 원칙

실손보상이라 함은 보험사고 시 피보험자가 실제로 입은 손해만을 지급한다는 것으로 손해보험 보상원칙의 근간을 이룬다.

2.5. 국내보험사의 현실

1) 과점형태

국내 손해보험사는 상위 4개 보험사가 전체 시장의 70% 이상 차지하고 독점적 시장구조로 인해 선의의 경쟁보다는 구태의연한 실적 위주의 영업이 전개되어 상대적으로 순 이익률이 높은 자동차 보험에 영업이 치중되는 실정이다.

2) 과대한 사업비 지출

무리한 보험료 할인에 따른 과대한 사업비 지출로 재무구조 부실화를 초래하여 대형사고 발생에 따른 보험사 손해율이 급증하는 경향이 있다.

3) 고객만족 실현의 요망

국내 보험영업조직은 고객의 환경에 맞는 상품설계 및 성실한 상담과 같은 전문성을 위주로 한 고객만족의 실현이 요망된다.

3. 보험공급자에 대한 이해

3.1. 보험공급자의 주요 업무

- 상품개발 – 소비자 needs파악 및 상품개발
- 계리업무 – 상품의 가격결정과 준비금 적립
- 언더라이팅 – 보험가입 신청자의 위험분석과 선택
- 마케팅 및 판매채널 – 보험상품 판매 및 효율적 선달
- 투자관리 – 보험기금에 대한 자산운용

- 재보험
- 보상업무 – 사고접수, 손해사정 및 보상
- 지급 불능 위험관리

1) 상품개발

치열한 경쟁으로 인하여 공급자 중심에서 소비자 중심의 시장으로 전환되었기에 소비자들의 **needs**를 파악하여 수요자들이 원하는 상품 개발의 중요성이 대두된다.

2) 계리업무

상품의 개발과 연계되어 이루어져야 하는 계리업무는 사고 발생빈도(**frequency**)의 확률과 손실 규모(**severity**)의 확률을 통계적으로 정리하여 상품 개발과 산정이 가능하게 하는 업무이다.

3) 위험분류와 언더라이팅

일반상품과 달리, 보험상품의 경우에는 구매자가 얼마나 사고를 일으키느냐에 따라 사후적으로 상품의 원가가 결정되기 때문에 보험을 가입하고자 하는 구매자에 대한 정확한 위험의 분류가 중시되고, 아울러 그에 상응하는 보험료를 부과하는 일(**underwriting**)이 가장 핵심적인 업무이다.

예) 자동차 보험의 경우

- 연령(age) – 낮은 연령이 고위험(모험심↑, 경험↓)
- 성별(sex) – 젊은 남성이 고위험(사고율이 상대적으로↑)
- 결혼(marriage) – 기혼자가 저위험(부양가족에 대한 의식↑)
- 기타 – 배기가스, 에어백, 교통법규 위반, 운전지역 등

4) 마케팅 및 판매채널 관리

보험회사의 마케팅 과정(process)은

① 소비자의 needs의 파악

② needs를 충족시킬 수 있는 상품과 서비스를 개발

③ 상품의 판매촉진(promotion)을 위한 광고 및 전달의 과정을 거
  친다.

☞ 함께 생각해 보자 ☜

선진국의 경우, 인터넷마케팅과 같은 직접마케팅이 활성화되는 추세이다.
최근 들어 국내도 인터넷마케팅의 중요성이 부각되고 있고, 더 나아가 홈
쇼핑에까지 마케팅영역을 구축하는 추세이다. 또한 보험회사와 포털업체
와의 짝짓기가 진행 중에 있다.

* 인터넷마케팅의 장점

① 비용절감

② 신속한 서비스

③ 편리한 상품비교와 선택

5) 자산운용(투자관리): 보험사의 자산관리 원칙

① 수익성
② 안정성
③ 유동성

6) 재보험(reinsurance): 재보험의 기능

① 원활한 대수의 법칙 작동
② 손실부담 규모의 안정화
③ 위험인수 역량 증대
④ 재보험을 통한 부채비율 경감
⑤ 전문적인 자문과 서비스

7) 보상업무

① 보험사의 신속, 편리, 공정한 보상업무는 보험회사의 명성에 중
   요 변수
② '보험사기와의 전쟁'의 어려움 예) 우리나라의 보험범죄는 약
   10%로 추정

8) 보험회사의 위험관리

1980년대 미국의 보험회사 도산으로 본 파산의 주요 원인
① 부적절한 상품가격
② 성급한 외형성장

③ 기업결합문제

④ 보험사기

⑤ 경영스타일의 급격한 변화

⑥ 재보험의 실패

* 보험회사의 위험

① 자산가치 하락 위험

② 부적절한 요율 위험 예) 암보험의 경우 발생빈도 증가

③ 금리변동 위험

④ 일반경영 위험

⑤ 환율변동

국민연금 100세 이상 수급자에 장수 축하[41]

국민연금공단은 오는 국민연금을 받고 있는 전국 100세 이상의 고령자를 대상으로 장수 축하행사를 가질 예정이라고 밝혔다.

전체 37만 6천여 명의 유족연금 수급자 가운데 100세 이상은 모두 13명이다.

이 중 최고령인 정 모(110세, 여, 서울 마포구 망원동) 씨는 10여 년 전 국민연금 가입자인 손자의 갑작스런 사망으로 지금까지 매월 18만 원의 유족연금을 받으며 생활하고 있다.

국민연금공단은 노후소득 보장기관으로서 경로효친의 덕을 실천한다는 의미에서 국민연금 수급 1세대인 이들 고령자들에게 지역별로 장수 축하 메시지와 기념품을 증정하는 행사를 가질 예정이다.

국민연금공단 관계자는 "급속한 출산율 하락과 세계적으로 유례가 없이 빠른 속도로 진행되는 고령화 시대에서 국민연금은 노후를 대비해 자녀를 대신한 효자로서의 역할도 톡톡히 하고 있다."고 소개했다.

경남 거창에서 유족연금을 받고 있는 한 수급자는 납부한 보험료 대비 지급받은 연금이 139배에 이르는 경우도 있다고 연금공단은 전했다.

---

41) 한국경제신문, 2010. 3. 18일자 기사내용 중 일부 수정.

[퀴즈 문제]

* 아래의 내용이 맞으면 T, 틀리면 F를 빈칸에 표시하시오.

1. 수지상등의 원칙이란 수입보험료의 총액이 지급보험금과 같도록 정해져야 한다는 개념이다. (   )
2. 계리업무는 사고 발생빈도(frequency)의 확률과 손실 규모(severity)의 확률을 통계적으로 정리하여 상품개발과 산정이 가능하게 하는 업무이다. (   )
3. 보험사의 자산관리 원칙은 ① 수익성 ② 안정성 ③ 유동성이다. (   )

[정답] 1. (T) 2. (T) 3. (T)

[용어정리]

① 공모발행(public offering)

신주를 발행할 때, 일반투자자로부터 동일한 가격과 조건으로 모집

② 사모발행(private placement)

특정 수요자만을 상대로 하여 유가증권을 발행하는 방법

[참고문헌]

강병호, 금융제도론, 박영사, 1998.
공재식 · 류근옥 · 박영규, 종합금융의 이해, 문영사, 2001.
김영진, 금융기관경영, 경문사, 1997.
남명수 · 김대호, 신 경영분석, 삼영사, 1997.
남명수 · 임태순, 재무관리의 이해, 법문사, 2007.
이미지 출처: healthbusiness. co. kr
이미지 출처: freelog.net
이미지 출처: ybweather

제**6**편

외환시장 및 기타 금융시장

- 제11장 외환시장
- 제12장 기타 금융시장

제11장 외환시장

[학습목표]

1. 외환시장의 구조 및 환율에 대해 살펴본다.
2. 환율의 결정이론에 대해 살펴본다.
3. 환위험 관리에 대해 살펴본다.

1. 외환시장 구조와 환율

국내외환은행 본점 외환딜링룸 전경

〈그림 11-1〉 외환딜링룸[42]

---

42) 출처: http://blog.ohmynews.com/dhghdrms01/%3Fpage%3D7

1.1. 외환시장(foreign exchange market)의 개념

시장(market)이란 가치의 교환이 이루어지는 것을 의미한다. 따라서 외환시장이란 서로 다른 둘 또는 여러 종류의 통화 간의 교환이 이루어지는 것을 말한다. 외환시장의 거래가 이루어지는 주요한 시장으로는 런던, 뉴욕 그리고 동경 등을 들 수 있다. 이들 시장의 특징은 24시간 거래(24 hour transaction system)가 진행되는 열려 있는 시장으로, 날짜 변경선을 중심으로 호주의 시드니 시장에서 시작하여, 동경시장, 홍콩시장, 싱가포르시장, 런던시장, 뉴욕시장의 순서로 시장이 열리고 닫히는 과정을 반복하는 24시간 열려 있는 시장이다.

1) 의의

외환시장(foreign exchange market 혹은 Fx market)이란 서로 다른 통화가 교환되는 시장을 의미한다. 즉 어떠한 필요성에 의하여 한나라의 통화와 다른 나라의 통화가 일정한 교환비율에 맞추어 서로 교환되는 시장을 말한다.

2) 거래

외환 시장의 거래는 주로 은행과 은행 간의 거래로 이루어진다. 단지 외환선물의 경우는 선물시장을 통하여 거래가 진행되며, 거래가 이루어지는 주요 도시로는 영국의 런던, 미국의 뉴욕 그리고 일본의 동경시장과 같은 세 개의 중심축을 중심으로 하여 거래가 진행되고 있다.

거의 모든 외환거래는 은행을 중심으로 이루어지기 때문에 은행의 딜
링룸(dealing room)이 외환거래가 이루어지는 장소이다. 이와 같이 은행
간 거래의 집합을 은행 간 시장(interbank market)이라고 하는데, 은행 간
시장의 거래단위는 최소한 미화 100만 달러 이상이 되는 도매시장이다.

3) 거래단위

보통 외환시장에서의 거래단위는 주로 100만 달러 단위 이상으로
하고, 만약 100만 달러 단위 정도의 규모로 거래할 수 없는 은행들
은 외환딜링룸을 따로 소유하지 않고 주로 지역 내의 대형은행을 통
하여 자신들이 필요로 하는 외환거래를 취하게 된다.

4) 중요성

국제거래에서의 상행위는 반드시 국제지불이 수반된다. 즉 국제
무역이나 국제금융이 발생하는 경우에 자국의 화폐와 거래에 사용되
는 화폐가 상이한 경우에는 반드시 외환시장에 개입하여 자국의 화
폐와 자신이 필요로 하는 화폐와 교환을 통하여 무역거래나 금융거
래의 내금을 지불할 수 있다.

5) 외환시장의 참여자

외환시장에 참여하는 참여자들을 주로 무역과 금융과 같은 본원적
인 거래와 수반되어 시장참여가 나타난다. 이와 같이 시장에 참여하

는 동기에 따라 참여자들을 분류하여 보면 3가지로 구분할 수 있다.

① 투자자(investor)

② 재정거래자(혹은 매매차익거래자)(arbitrager)

③ 투기꾼(speculator)

외환시장 관련 용어의 개념

① 롱포지션(long position): 매입포지션을 증가시키는 행위. 즉 외환딜러가 미국 달러화의 가치가 한국의 원화보다 더 오를 것이라고 전망될 때, 미국의 달러화에 대해 매입포지션을 하는 것을 의미한다. 즉 이 외환딜러는 <u>미국의 달러화에 대한</u> 롱포지션을 견지하고 있는데, 이는 결국 미국 달러화에 대한 노출의 증가를 의미한다.

② 숏포지션(short position): 숏포지션이란 매도포지션을 말한다. 즉 앞으로 원화 가치대비 미국의 달러화 가치가 하락할 것이라고 예측이 될 때, 외환딜러는 <u>미국의 달러화에 대해 숏포지션</u>을 가지게 되는데 이는 미국의 달러화를 매각하고 한국의 원화를 매입하는 행위를 의미한다. 즉 미국의 달러화에 대한 노출을 감소시키는 행위이다.

③ 브로커(broker): 자기 포지션을 가지지 않음
이들의 수익은 커미션(commission)
예) 증권 브로커, 부동산 브로커(중개인)

④ 딜러(dealer): 자기포지션을 가짐. 이들의 수익은 스프레드(spread), 즉 매도가격(offer, ask, selling price)과 매입가격(bid, buying price)

⑤ 매도가격(offer, ask price): 팔려는 가격

⑥ 매입가격(bid, buying price): 구입하려는 가격
(주의) 매도가격, 매입가격 - 시장조성자의 기준에서

⑦ 일물일가의 법칙(law of one price): 동일한 물건에 동일한 가격이 있어야 한다는 개념으로, 환율계산의 척도로 햄버거 가격을 이용하는 경향이 있다.

⑧ 코레스 은행(correspondent bank): 외환거래와 관련된 거래은행의 해외 거래은행

⑨ 경화(hard currency): 통화의 가치가 쉽사리 인정되는 통화
예) 주요국 통화
연화(soft currency): 통화의 가치가 역내를 벗어나면 인정되기 어려운 통화

⑩ 평가절상(appreciation): 외환시장에서 가치가 다른 통화에 비해 상대적으로 커지는 경우
평가절하(depreciation): 평가절상과는 반대로 다른 통화의 가치에 비하여 상대적 가치가 하락하는 경우

1.2. 환율의 의의 및 표시방법

1) 개념

환율(foreign exchange rate 또는 Fx rate)이란 상대가 되는 국가에서 사용하는 화폐와의 교환비율을 의미한다(exchange rate between two currency).

즉 한 나라 통화 1단위에 대한 다른 나라 통화의 교환 비율이다.

2) 표시법

환율을 표시하는 방법에는 직접법(direct quotation)과 간접법(indirect quotation)의 두 가지 방식이 있다. 이들 방식은 두 통화 가운데 어느 통화를 기준으로 보느냐에 따른 구분방식이다.

① 직접법: 외국통화 한 단위의 가치를 자국통화로 표시하는 방식
　　한화 1,000원/미화 1달러
② 간접법: 직접법의 역수로서 자국통화 한 단위에 대한 외국통화의 가치를 표시하는 형식
　　한화 1원＝미화 1/1,000달러

3) 환율의 고시

(quotation) on the phone－전화 통화에서

만약 현재 거래가격이, 한화 원/미화 $=1,110-1,120원이면

읽는 법: ① 1,110(pause) 20

　　　　② 1,110 to 20

　　　　③ 10 to 20

4) 교차환율(cross rate)

달러화가 아닌 제3의 통화 간의 환율을 달러화를 거쳐서 교환비율을 계산하는 방식으로 차익거래의 수단으로 이용된다. 특히, 프로그램 트레이딩화해서 차익거래를 추구함으로써 시장의 효율성을 증대시킬 수 있다고 할 수 있다.

(질의) 122 Japanese yen＝미화 1달러

　　　원화 1,250원＝미화 1달러

그러나 시장에서 엔화 1엔＝10원으로 형성되어 있다면 어떤 거래가 발생하게 될까?

2. 환율의 결정이론

2.1. 구매력 평가설

구매력 평가설(purchasing power parity: PPP)은 일물일가의 법칙 (law of one price)을 말한다. 즉 동일한 상품은 어떤 시장에서든지 그 가격이 같아야 한다는 주장이다.

구매력 평가설은 제1차 세계대전 후에 경제학자인 **Gustav Cassel**에 의해서 제창되었으며 인플레이션이 심한 나라는 무역상대국에 비해서 수출품의 가격경쟁력은 떨어지고 수입품은 국내의 높은 가격보다 경쟁력이 높아진다고 보았다.

$$즉 \ P = S \cdot P*$$

P: 물가(특정상품의 국내가격)

S: 현재 환율(직접법)

P*: 특정상품의 외국에서의 외국통화 표시가격

균형가격에 도달하기까지 상품의 거래는 매매차익거래 때문에 계속 진행된다. 단, 이러한 조건을 유지하기 위해서는 거래세, 거래비용, 무역장벽 및 제품의 질이 일치할 경우에만 가능하다.

1) 절대적 구매력 평가설(absolute version)

일물일가의 법칙을 상품가격뿐만 아니라 전체적인 물가수준에 적용한 것을 말한다.

$$즉 \ P = S \cdot P*$$

　　P: 국내물가수준

　　S: 현재 환율(직접법)

　　P*: 해외물가수준

2) 상대적 구매력 평가설

환율의 상대적 변화율은 국내와 해외의 물가 상승률의 차와 같다는 설

$$즉 \ \frac{S^*}{S} = \frac{Ph^*}{Ph} = \frac{Pf^*}{Pf}$$

　　S: 현재 환율

　　Ph: 국내 물가수준

　　Pf: 해외 물가수준

　　*: 기준시점과 비교시점 간의 변화율

결론적으로, **환율의 상대적 변화율＝국내물가 상승률－해외물가 상승률**

심화학습:

문제) 향후 1년 후 우리나라 물가 상승률이 10%, 미국은 5%가 되
　　　리라 예상된다. 현재의 환율이 1$＝1,300원일 때 1년 후 예
　　　상되는 환율수준은?

답) 예상환율은 1,300*(1＋0.05)＝<u>1,365원/$</u>

2.2. 피셔효과(the Fisher effect)

　피셔효과는 예상인플레이션의 차이가 결국은 명목이자율의 차이
와 같다는 주장이다. 이에 대한 이론적인 근거의 과정은 명목이자율
이 실질이자율과 예상물가 상승률의 합과 같다는 논리에서 출발한다.
즉,

$$i = r + \pi$$

　　　i: 명목이자율

　　　r: 실질이자율

　　　π: 예상물가 상승률

<이론적 완성>

$$i = r + \pi \quad (\text{식 } 1)$$

$$i^* = r^* + \pi^* \quad (\text{식 } 2)$$

$$(\text{식 } 1) - (\text{식 } 2)$$

$(i-i^*)=(r-r^*)+(\pi-\pi^*)$에서 장기적으로 국내와 해외의 실질이자율은 같은 경향이 있으므로, $(r-r^*)=0$

결국, $(i-i^*)=(\pi-\pi^*)$가 성립한다.

2.3. 국제피셔효과

국제피셔효과(the international Fisher effect)는 환율 변화율에 대한 예상이 서로 다른 통화 간에 존재하는 이자율의 차이와 밀접한 관계가 있다는 주장이다. 예를 들어, 투자자들이 자국통화의 가치가 연간 5% 하락할 것이라고 예상하는 경우에 국내 명목이자율은 해외명목이자율보다 연간 5%가 더 높아야 한다는 것이다.

심화학습:

문제) 1년 만기 정부채가 한국은 12%, 미국은 5%라고 가정하고, 환율의 현물가가 현재 1,300원/1\$일 때 1년 후 예상되는 환율은?

답) $0.12-0.05=0.07$

$1,300*1.07=\underline{1,391원/1\$\ 예상}$

2.4. 이자율 평가설

이자율 평가설(interest rate parity theorem)이란 연율(yearly basis)로 표시하는 선도환율은 그것이 두 나라 사이에 존재하는 이자율의 차이와 같다는 주장을 말한다. 예를 들어 영국의 파운드화가 달러에 대하여 선도환 시장에서 11.67%만큼 프리미엄이면 파운드화의 이자율이 달러의 이자율보다 11.67% 낮아야 한다는 것이다.

심화학습:

문제) 현물가가 1,300원이고 6개월 선도환율이 1,500원이라면 $는 프리미엄인가 디스카운트인가? 몇 %인지 계산하시오.

답) 1,500 − 1,300 = 200원/$(6개월)

(1,500 − 1,300)/1,300*2*100 = 30.76%

<u>$가 30.76%(연 기준으로) 프리미엄 상태에 있다.</u>

3. 환위험 관리

3.1. 환노출의 의의

환노출(foreign exchange exposure)이란 기업의 이익이나 가치가 예기치 않은 환율의 변동으로 인하여 변동하게 되는 위험에 노출되어 있는 가능성을 말한다. 그러나 이러한 환노출을 예측하기가 기술적으로 쉽지 않고, 또한 미래의 불확실성에 대한 예측으로 인하여 정확성이 많이 떨어지는 등의 어려움에 직면하기 때문에 기업의 재무관리 담당자의 입장에서는 환위험을 기업이 감당할 수 있는 범위 내에 두어서 기업의 가치극대화라고 하는 기업의 목표 달성에 이바지해야 하는 의무를 지닌다.

3.2. 환위험의 구분

환율의 변동에 따라 기업이 직면하게 되는 환위험은 크게 거래적 노출, 환산 노출, 그리고 경제적 노출 등의 세 가지로 나누어 볼 수 있다.

1) 거래적 노출(transaction exposure)

거래적 노출은 거래시점과 결재시점 사이에 환율이 변동하여 기업의 이익이나 가치에 변동을 가져오게 되는 환위험을 말한다.

2) 환산 노출(translation exposure)

회계적 노출(accounting exposure)이라고도 하며, 연결재무제표를 본사와 외국의 지사가 작성을 할 경우에 발생한다. 즉 기업보유의 외화표시 자산이나 부채를 자국통화로 환산할 때 환율의 변동으로 인하여 기업의 성과 및 재무상태가 변동되게 되는 위험을 말한다.

3) 경제적 노출

경제적 노출(economic exposure)이란 예상하지 못한 환율변동으로 인해서 기업의 미래현금흐름과 기업의 시장가치가 변동할 가능성을 의미한다. 그러나 만약, 환율의 변동을 미리 예상했다면, 그것은 경제적 노출이 아니다.

$$V(\text{기업의 가치}) = \sum NPV(\text{기대현금흐름})$$

3.3. 환노출별 위험관리

1) 거래적 노출의 관리

① 금융시장을 이용한 노출의 관리

외환시장과 금융시장을 이용한 헤징 방법은 우선, 선도환 시장을 이용하는 경우, 선물환 시장을 이용하는 경우 또는 화폐시장을 이용하는 경우, 옵션시장을 이용하는 경우 등을 들 수 있다.

② 영업전략을 이용한 노출의 관리

ⓐ 상계(netting)

채권과 채무의 차액만을 결재함으로써 노출을 최소화하는 행위

ⓑ 매칭(matching)

통화별로 현금흐름의 수급금액 및 시기를 의도적으로 일치시키는 방법

ⓒ 리딩(leading)

대금지급 시기를 앞당기는 것

ⓓ 래깅(lagging)

대금지급 시기를 늦추는 것

2) 환산노출의 관리

환산 노출의 관리는 선물시장을 이용하는 방법(거래적 노출의 관리와 동일)과 대차대조표를 이용한 혜징으로 기업의 연결재무재표상에서 외국통화로 표시된 자산과 부채의 크기를 같게 하여 순환산노출을 제로로 만드는 방법이 있다.

3) 경제적 노출의 관리

① 경영활동의 다각화

위험을 회피하는 기본 원리는 분산이다. 즉 이러한 재무적인 원칙을 경영활동에 도입하여 기업의 경영이 국제적으로 다각화하는 전략을 수립하는 방법이다. 즉 제품의 판매뿐만 아니라 원료공급선의 다각화 및 생산설비의 모든 단계를 여러 나라에 분산시키는 전략을 구사한다면 환율변동에 대하여 신축적으로 대응할 수 있을 것이다.

② 재무활동의 다각화

기업이 재무활동 측면에서도 국제 금융시장에서 다각화되어 있다면, 국외의 여러 시장에서 효율적으로 자금을 관리하고 운영할 수 있을 것이다. 따라서 기업의 신용을 높은 수준으로 끌어올려서, 국제 금융시장에서 다각화된 재무활동을 할 수 있게 구조적인 전략을 수립할 필요성이 있다.

영국의 중앙은행을 상대로 환율전쟁을 하여 부자가 된 조지소로스를 살펴보자.

소로스, 이번엔 유로화 공격…… 92년 파운드 공략 때와 같은 전략[43)

파운드화 대거 팔아 EMS 붕괴시켰듯……
美 헤지펀드들 유로화 매도 공모 의혹

◆ 유로화 하락 통화전쟁 조짐 ◆

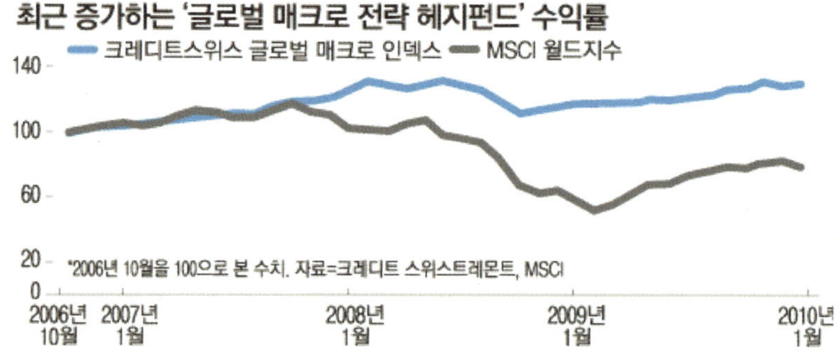

1992년 9월, 이탈리아 일간지 '라 레푸블리카'는 "유럽이 산산조각 났다"는 제목의 기사를 내보냈다. 독일, 프랑스, 영국 등 유럽 국가

---

43) 매일경제신문, 2010. 3. 4일자 기사내용.

의 화폐 가치를 하나로 묶은 통화제도(EMS)가 영국과 이탈리아의 탈퇴로 사실상 붕괴됐음을 뜻하는 기사였다.

그리고 이 붕괴를 조장한 주범으로 지목됐던 조지 소로스는 유유히 1993년 8월 '뉴스위크'에 이런 기고문을 싣는다.

"내가 남들보다 나은 이유는 나의 실수를 인정하기 때문이다. 사람들은 흐름을 읽고 비판적으로 생각한다는 것이 얼마나 중요한 일인지 모르는 것 같다. 유럽 정부들은 자신들이 범한 잘못을 인정하려고 하지 않는다. 얼마나 놀라운 일인가."

이처럼 유럽 공동 통화시스템을 붕괴시킨 뒤 유럽 각국 정부의 비합리적 선택에 대해 통렬한 비판을 날렸던 소로스가 이번엔 유로화 붕괴에 투자하고 있다. 그것도 1992년 당시 영국 파운드화와 이탈리아 리라화를 공격했던 것과 매우 흡사한 논리로 유로화 하락에 베팅 중이다.

월스트리트저널(WSJ)은 미국 법무부가 소로스펀드매니지먼트와 SAC캐피털어드바이저스, 그린라이트캐피털, 폴슨&Co 등에 대해 서한을 보내 유로화와 관련된 매매 기록과 이메일 등을 유지할 것을 요청했다고 보도했다.

이들 헤지펀드 매니저들이 함께 모인 자리에서 유로화 가치가 달러화 가치와 동등해질 때까지 떨어질 것이란 얘기를 나눴으며, 다른 트레이더들에게 유로화 가치 하락에 투자하라고 부추긴 것으로 알려졌다.

법무부는 이런 모임이 일종의 공모로 여겨질 수 있다고 보고 있다.

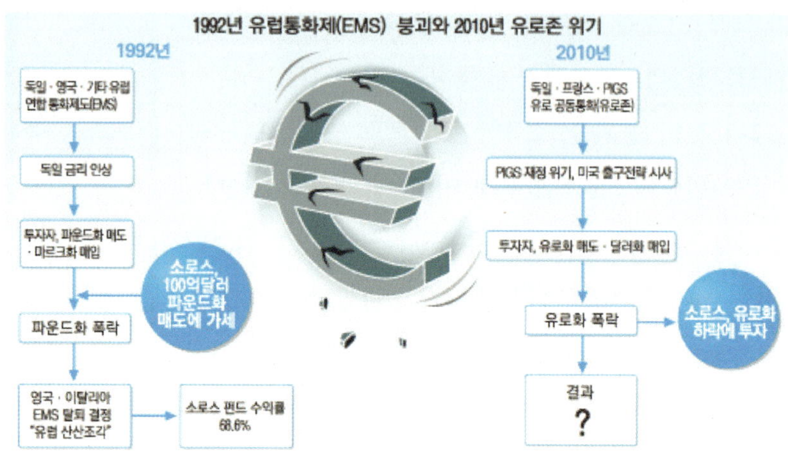

전문가들은 소로스가 1992년 파운드화와 리라화를 공격할 때와 지금 상황이 유사하다고 보고 있다.

당시 독일은 동독 투자 때문에 발생한 인플레이션을 막기 위해 금리를 2년간 10차례나 올렸고, 이 때문에 투자자들은 독일 채권(분트·Bundt)에 매력을 느끼고 있었다. 이 때문에 유럽 다른 통화들을 매도하고 독일 마르크화를 사겠다는 투자자 수요가 급등했다. 자연스럽게 파운드화나 리라화 가치는 떨어지고 마르크화 가치는 올라가야 당연했다. 그러나 파운드화 가치는 충분히 떨어지지 못했다.

EMS가 독일, 프랑스, 영국 등 유럽 주요 국가들의 환율을 고정시키는 제도였기 때문이다.

파운드화가 급락했지만 EMS를 유지해야 하는 의무가 있었던 영국은 "파운드화 가치 하락은 영국에 대한 배신"이라며 소로스를 비난하기 시작했다. 그러나 소로스를 비롯한 금융시장 투자자들은 파운드화 가치 하락에 더 무게를 뒀다. 1992년 9월 급기야 영국은

EMS를 포기하겠다고 선언했다.

지금도 당시와 상황이 비슷하다. 그리스를 비롯한 PIIGS(포르투갈, 아일랜드, 이탈리아, 그리스, 스페인)의 재정위기 때문에 이들 국가의 통화 가치는 지금보다 더 떨어져야 정상이다. 여기에 미국이 출구전략을 시사하면서 채권 금리가 올라가고 있어 유로화를 팔고 달러화를 사려는 투자자 수요가 늘고 있다.

그럼에도 불구하고 독일 등 국가들이 건재하기 때문에 유로화 가치는 충분히 하락하지 않고 있다.

유로화는 연초 이후 6% 떨어지는 데 그쳤다. 이 때문에 소로스 같은 글로벌 매크로 전략을 사용하는 헤지펀드들이 투자하기 알맞은 환경이 조성된 것이다.

파이낸셜타임스에 따르면 지난 2월 초 70억 달러 수준에 불과했던 유로화 공매도 포지션은 3월 현재 121억 달러에 달하는 것으로 추정됐다. 소로스는 지난달 28일 CNN과 대담에서 "유로존 중 한 나라가 위기에 처하면 통화 가치를 절하해야 하는 것이 정상이지만 유로화는 고정돼 있다."고 말했다.

소로스가 투자하는 방식인 글로벌 매크로 헤지펀드 전략은 1994년 소로스가 일본 중앙은행을 공격했다가 실패한 이후 시장에서 변변한 활동을 하지 못했지만 최근 각국 재성위기가 가중되면서 수익률이 다시 상승하고 있다.

[퀴즈 문제]

* 아래의 내용이 맞으면 T, 틀리면 F를 빈칸에 표시하시오.

1. 상계(netting)란 채권과 채무의 차액만을 결재함으로써 노출을 최소화하는 행위이다. (   )

2. 매칭(matching)이란 통화별로 현금흐름의 수급금액 및 시기를 의도적으로 일치시키는 방법을 말한다. (   )

3. lagging이란 대금지급 시기를 늦추는 것을 의미한다. (   )

[정답] 1. (T) 2. (T) 3. (T)

[용어정리]

① 롱포지션(long position)

매입포지션을 증가시키는 행위

② 매칭(matching)

통화별로 현금흐름의 수급금액 및 시기를 의도적으로 일치시키는 방법

③ 숏포지션(short position)

숏포지션이란 매도포지션을 말한다.

④ 이자율 평가설(interest rate parity theorem)

연율(yearly basis)로 표시하는 선도환율은 그것이 두 나라 사이에 존재하는 이자율의 차이와 같다는 주장

[참고문헌]

공재식 · 류근옥 · 박영규, 종합금융의 이해, 문영사, 2001.
김영진, 금융기관경영, 경문사, 1997.
남명수 · 김대호, 신 경영분석, 삼영사, 1997.
남명수 · 임태순, 재무관리의 이해, 법문사, 2007.
이미지 출처:
> http://www.seoprise.com/board/view.php?uid=160913&table=seoprise_11
> &level_gubun=all&mode=search&field=nic2&s_que=%EC%97%B0%E
> D%95%A9%EB%89%B4%EC%8A%A4

매일경제신문, 2010. 3. 4일자 기사내용.

제12장 기타 금융시장

[학습목표]

1. 종금사에 대해 살펴본다.
2. 카드사에 대해 살펴본다.
3. 투신사에 대해 살펴본다.

1. 종금사

1.1. 종합금융사의 역사

① 18세기 영국의 대상인들의 무역어음 인수업으로부터 시작된 새로운 형태의 금융회사

② 국내 금융업무보다 국제금융업무에 치중

③ 우리나라에서는 1976년 한국종합금융이 처음으로 설립

④ 예금보험을 제외한 단기금융, 증권투자신탁, 사채주선업무, 리스업무, 중장기 대출업무, 외화조달 및 주선업무 등의 거의 모든 금융업을 영위

1.2. 우리나라 종금사 설립 배경

① 제1차 석유파동 이후 국제수지 악화, 제4차 경제개발 계획의 추진
→민간베이스의 상업차관 유치 필요
② 국내 금융기관의 낮은 대외 공신력, 선진 금융기법의 신속한 도입 필요
→외국금융기관과의 합작

1.3. 종금사 취급업무

〈표 12-1〉 종금사 취급업무

업무	업무내용	도입 시기
단기금융업무	-기업발행 어음의 할인, 인수 및 보증	설립 시의 기본업무
국제금융업무	-외자도입 및 해외투자 주선 -외국환 금융업무 -역외금융업무	외국환 관리법에 의한 인가업무(77년)
시설대여업무	-설비금융업무	시설대여법에 의한 인가업무(78년)
유가증권업무	-자기계정에 의한 유가 증권의 매매 -유가증권의 인수 및 매출주선	설립 시의 기본업무
사채발행 및 대출	-중장기 대출과 원화 리스의 재원으로 종금채 발행	설립 시의 기본업무
증권투자신탁업무	-공사채형 수익증권	증권투자 신탁법에 의한 인가업무 (76년)
인수 및 합병업무	-인수합병 주선	93년 이후 본격화

1.4. IMF 시기의 종금사 관련 연표

1992년 6월 지방 16개 투금자의 종금사로 업종전환 방침 발표

1993년 12월 투금사의 종금사 전환허용 확정(김영삼 대통령 정부)

1997년 8월 30개 종금사 대출금 회수 중단 결의

1997년 10월 16개 종금사에 한은 특융 1조 원 지원

1997년 12월 14개 종금사 영업정지 명령

1.5. IMF 시 종금사의 문제점

1) 잘못된 종금사 인허가(투금사의 무차별 전환)

2) 무리한 외형 키우기(단기 차입자금)

3) 잘못된 영업정책(막대한 환차손)

4) 단기 자금시장의 경색(은행의 call자금 중단)

1.6. 발전방향

90년대 중반까지 전성기를 구가하여 기업금융을 선도하고 한국경제 성장에 일조하던 종금사들이 외환위기 이후 급격히 무너지면서 존립 자체가 위협을 받을 지경에 이르렀는데, 다각적인 자구방안을 마련하고, 외자유치를 모색하며, 건전성을 유지함으로써 경쟁력을 확보할 수 있는 종금사로 거듭 성장되어야 할 것이다.

2. 카드사

2.1. 신용카드사의 개념 및 역사

1) 개념

신용으로 금전, 재화, 노무 또는 용역을 획득할 목적으로 존재하는 카드와 기타 소비자 금융의 기능까지 부여

2) 신용카드의 역사

① 1894년 미국 Hotel Company가 개발
② 1951년 독자적인 카드 전문회사인 다이너스클럽 설립
③ 은행카드는 뉴욕프랭클린 내셔널 뱅크에서 발급하여 본격적인 대중 신용카드시대
④ 1959년 아메리칸 은행이 다목적 카드(지금의 visa카드)로 카드 업계 진출
⑤ 1970년 대부분은행 Master Charge 발행
⑥ 1977년 Master Card로 명칭을 변경

3) 신용카드의 주 수입원

① 가맹점으로부터의 수수료(3%-5%)
② 현금 대출 서비스에 대한 수수료(카드론 포함)

-전체 매출 중 약 50%가 현금서비스 부문임

③ 할부 수수료

-카드사마다 약간씩 차이: 상대적으로 높은 금리

2.2. 신용카드 제도의 특징

1) 장점

① 일정 기간 동안 이자나, 서비스에 대한 수수료 없이 사용
② 광범위한 네트워크를 가진 조직에 가입되어 있을 경우 카드소
  지인은 어느 곳에서나 현금 없이 재화나 용역 구입 가능
③ 가맹점들은 보다 광범위한 고객의 유치와 판매증진
④ 화폐의 유통량 감소 및 개인들의 자기 신용관리에 대한 인식
  제고로 신용사회의 구현과 유통경제질서의 근대화 등 외부경
  제효과

2) 단점

① 카드분실, 도난 시 제3자에 의해 불법적으로 사용될 가능성
② 단기 소액거래 시 카드사의 취급비용이 높다. 소비자 측에서
  볼 때 높은 금융거래비용 부담
③ 허위 가맹점 개설 이후 고리의 불법대출업무 성행
④ 지불능력을 고려하지 않고 남용할 우려-과소비 조장

2.3. 신용카드사의 최근 동향

1) 사업영역의 확대

할부금융사업, 일반대출사업, 팩토링, 법인리스금융사업, 기업구매
카드 신기술 금융사업

2) 다기능 원카드 등장

예) 국민 pass 카드: 교통카드＋신용카드
블랙카드: 소수의 전문직 고소득층을 겨냥한 카드

3) IT정보를 활용한 회원관리

CTI(컴퓨터전화통합체계) 고객전화 시 고객이용실적정보를 컴퓨터
화면에 띄워 텔레마케터들이 상담대응자료로 활용

2.4. 한국 신용카드사의 문제점

1) 과다 경쟁으로 인한 무리한 카드발행
2) 무리한 카드발행으로 인한 연체율 증가
3) 회원들의 신용정보를 무단 사용 및 보완 허술
4) 매출이 현금 서비스에 치중

2.5. 가맹점 수수료와 관련한 국가별 요율 현황

〈표 12-2〉 카드수수료 요율표

구분	국내	미국	일본	프랑스
가맹점 수수료율	1.5 - 5.0%	1.9 - 5.5%	2.0 - 7.0%	0.6 - 1.5%
평균가맹점 수수료율	2.9%	2.1%	3.4%	2.5%

가맹점 수수료는 국민들이 공감대를 형성할 수 있는 방향으로 점차 인하되어 가고 있다.

2.6. 해결방안

1) 은행업무와 카드업무 분리: 카드발급업무 및 가맹점 관리 등 전문적인 회사에 위탁을 통하여 저비용, 고효율 시스템 구축
2) 경쟁적인 관계 탈피 우량회원 유치 및 관리: 철저한 심사와 회원들의 의사 존중발급
3) 회원의 개인정보의 철저한 관리: 회원들의 인적사항 및 비밀번호의 철저한 관리
4) 카드 고유의 기능 확대를 위한 서비스 개발과 연체율 관리 철저 노력

3. 투자신탁업

3.1. 투자신탁업의 의의 및 역사

1) 투자신탁업의 의의

투자신탁이라 함은 증권투자신탁업법에 규정되어 있는 바와 같이 전문적인 유가증권 투자 대행기관으로 유가증권 투자에 경험이 부족한 투자자로부터 투자자금을 위탁받아 대규모의 공동자금을 조성하고 이를 유가증권에 분산 투자 및 운용하여 그 수익을 운용실적에 따라 투자자에게 배분하는 금융제도이다.

2) 투자신탁업의 역사

① 1868년 영국에서 여러 가지 종류의 외국 및 식민지 정부의 증권에 분산 투자하여 투자위험을 감소시켜 일반투자자도 투자이익을 누릴 수 있도록 한 The Foreign Colonial & Government Trust

② 1980년대 중반부터 급속도로 발전 – 증권화(securitization)가 급속히 진행되면서 전통적인 자금조달과 저축기능을 담당했던 은행의 입지는 축소되고 투자은행, 자산운용회사 등 투자전문기관이 대거 등장

3.2. 투자환경의 변화

1) 정보화

정보통신 및 컴퓨터 시스템의 발달은 시장에 능동적으로 대처하고
자 하는 투자와 그리고 투자자들의 기호에 맞는 상품을 개발하는 금
융기관의 투자 환경의 변화를 유도하였다.

2) 국제화

국제화에 따른 각국의 금리자유화, 업무영역제한의 철폐, 외국은
행의 진출을 허용하는 국제화가 가속화하는 추세를 맞이하고 있다.

3.3. 투자 신탁의 특징

1) 미시적 측면

① 공동투자 - 거액의 자금을 조성
② 전문성 - 풍부한 경험과 전문지식을 갖춘 금융전문가에 의한 운용
③ 분산투자 - 위험을 극소화하기 위한 **portfolio** 구성
④ 수익성 - 과학적인 분석과 효율적인 관리로 높은 수익 추구
⑤ 안전성 - 해당상품에 대한 위험을 제외하곤 안전하게 관리
⑥ 다양성 - 다양한 상품

2) 거시적 측면

① 자금흐름의 중심 - 장기 산업자금 조달을 원활하게 한다.
② 안정적 성장 - 증권시장에서 증권물량과 가격조정기능을 수행
함으로써 증권시장의 안정적 성장에 기여한다.

3.4. 투자신탁회사의 분류

1) 투자신탁회사(운용 및 판매업무 공유)
2) 투자신탁운용회사(운용업무만 수행)
3) 투자신탁증권회사(판매기능만을 갖춘 회사)
4) 자산운용사(뮤추얼펀드라는 이름이 붙은 회사)

3.5. 투자신탁의 종류

〈표 12-3〉 투자신탁의 종류

분류조직	형태	주요 내용
조직형태	계약형	수익자, 위탁자, 수탁자 등의 계약형태
	회사형	수식회사로서 조직, 투자지기 주주가 됨
환매가능 여부	개방형	언제라도 현금화가 가능
	폐쇄형	계약 기간 내에 환매가 불가능
추가설정 여부	추가형	추가로 지금을 증액하여 설정 가능한 형태
	단위형	추가로 지금을 증액할 수 없는 형태
편입대상 상품	주식형	투자대상 중에 주식이 포함된 형태
	공사채형	투자대상이 국채, 회사채 포함

분류조직	형태	주요 내용
상장여부	상장형	수익증권, 주권이 증시에 상장된 형태
	비상장형	증시에 상장되지 않은 형태
투자지역별	국내투자	국내에서 발행된 유가증권에 투자
	해외투자	해외에서 발행된 유가증권에 투자
	혼합형	국내 및 해외의 유가증권에 투자

월가의 영웅 피터 린치 이야기[44]

피터 린치(Peter Lynch)는 월스트리트 역사상 가장 성공한 펀드매니저로 꼽히는 인물이다. 국내에서도 번역된 책을 통하여 그의 투자철학이 여러 차례 소개된 것이 있다. '월가의 영웅'이란 칭송을 받는 그는 피델리티투자회사(Fidelity Investment)의 마젤란펀드를 13년간 연평균 29.2%의 기록적인 투자수익률을 유지하면서 세계 최대의 뮤추얼펀드로 키워냈다.

보통의 펀드매니저들과 그가 달랐던 점은 발로 뛰면서 얻는 정보가 진짜 정보란 소신대로 기업방문에 많은 시간을 할애했다. 방문을 통하여 기업의 투자정보를 수집하고 기업CEO들과의 만남을 통하여 기업을 분석했다. 이런 노력의 결과가 13년 동안 투자원금대비 27배의 경이로운 투자수익률을 달성하여 투자자에게 과실을 나눠줄 수 있었다.

미국 전역에 걸쳐, 그의 명성이 자자해지자, 그의 펀드에 투자를 하려는 투자금이 주체할 수 없을 정도로 밀려와 투자한 주주만 100만 명을 넘었고, 투자금액이 커지다 보니 투자종목 수도 점차 불어났다. 마침내, 투자자금이 워낙 커지다 보니 그 많은 돈으로 시장에

---

44) 임태순, 핵심재테크, 이담북스, 2010, p.145 글 발췌.

서 우량주에만 투자하는 것 자체가 불가능할 정도까지 이르렀다.

그는 47세에 '가족과 함께 시간을……'이란 은퇴의 변을 남기고 은퇴하여 앞으로도 쉽게 깨지지 어려운 수익률을 달성한 '월가의 영웅'으로 남게 되었다.

[퀴즈 문제]

* 아래의 내용이 맞으면 T, 틀리면 F를 빈칸에 표시하시오.
1. 투자신탁은 환매 여부에 따라 개방형과 폐쇄형으로 나뉜다. (　　)
2. 신용카드의 주 수입원은 가맹점으로부터의 수수료이다. (　　)
3. 종합금융사는 18세기 영국의 대상인들의 무역어음 인수업으로부터 시작된 새로운 형태의 금융회사이다. (　　)

[정답] 1. (T) 2. (T) 3. (T)

[용어정리]

① 신용카드

신용으로 금전, 재화, 노무 또는 용역을 획득할 목적으로 존재하는 카드이다. 신용카드는 기타 소비자 금융의 기능까지 부여된다.

[참고문헌]

강병호, 금융제도론, 박영사, 1998.
공재식 · 류근옥 · 박영규, 종합금융의 이해, 문영사, 2001.
이요섭, 금융시장의 이해, 연암사, 2009.
임태순, 핵심재테크, 이담북스, 2010, p.145 글.

■ 부록 1. 우리나라 금융시장의 역사

1. 태동기(1878년~1958년)

1878년 06월 (일본)제일은행이 부산지점 개설(최초의 근대적 은행)

1891년 01월 (일본)제국생명이 부산지점 개설(최초의 근대적 보험)

1897년 02월 한성은행(조흥은행의 전신) 설립(민간자본주도)

1899년 01월 대한천일은행(구상업은행의 전신) 설립

1906년 08월 한일은행 설립(민간자본)

1918년 06월 조선식산은행(산업은행의 전신) 설립

1921년 01월 조선화재해상보험㈜ 설립(최초)

1946년 09월 대한생명 설립(최초)

1949년 11월 대한증권 설립(최초)

1950년 06월 한국은행 창립

1954년 04월 한국산업은행 설립

1956년 03월 대한증권거래소 개장

2. 체제정비기(1960년~1979년) (금융통제시기＋정책금융 시기)

1961년 08월 중소기업은행 설립

1962년 02월 한국국민은행설립(최초의 서민금융기관)

1963년 03월 대한손해재보험공사 설립

1967년 01월 대구은행(최초의 지방은행) 설립

1968년 12월 한국투자공사 설립

1973년 05월 한국화재보험협회 설립

1975년 11월 사단법인 전국은행협회 설립

1976년 06월 신용보증기금 설립

1976년 07월 한국수출입은행 설립

3. 금융자유기(1980년~1996년)

1983년 07월 금융실명거래제 일부 실시

1987년 08월 종합주가지수 500포인트 돌파

1989년 09월 환율자유화 시행

1989년 11월 한국보증보험 설립

1992년 01월 외국인의 국내주식투자 허용

1995년 12월 「예금자보호법」 제정

1996년 12월 정부, OECD 가입

4. 구조조정 시기(1997년~2002년)

1997년 11월 정부, IMF에 긴급구제금융 지원요청

1997년 12월 정부 및 IMF, 총 570억 달러 규모의 자금지원안에 합의

1998년 04월 금융감독위원회 설립

1998년 06월 5개 부실은행 퇴출(동화 · 동남 · 대동 · 충청 · 경기은

행) 2개 증권업 허가 취소(고려 · 동서증권)

2000년 04월 매매거래 일시 중단(Circuit - Breakers) 첫 발동

2002년 08월 2차 은행구조조정 대상은행 선정(조흥 · 한빛 · 외환 · 평

화 · 광주 · 제주은행)

5. 국제화 시기(2002년~현재)

2003년 08월 방카슈랑스 시행

2005년 01월 한국증권선물거래소 설립

2006년 03월 조흥 · 신한은행 합병

2009년 02월 「자본시장통합법」 시행

■ 부록 2. 글로벌 금융위기 진행 과정

1. 위기조짐(2007년)

2007년 04월 뉴센추리 파이낸셜 파산 신청(서브프라임 2위 판매업체)

2007년 06월 베어스턴스 자산운용 파산 가능성 시사

2007년 09월 연방준비제도 이사회(FRB) 공격적인 금리인하 시사

2007년 10월 한국 코스피 최고치 2064.85(10월 31일)

2. 위기진행(2008년)

2008년 03월 JP 모간, 베어스턴스 인수

2008년 07월 모기지 업체(인디맥은행) 파산

2008년 08월 한국 코스피 1,500선 붕괴

2008년 09월 모기지 업체(페니메이, 프레드릭맥) 국영화

2008년 09월 리먼 브라더스 파산

2008년 09월 연방준비제도이사회(FRB), AIG에 850억 달러 구제금융

2008년 10월 미상원 7천억 달러 공적 자금투입안 통과

2008년 10월 한국 코스피 1,200선 붕괴

2008년 10월 세계증시 대폭락

　　　　　유럽, 아시아 모두 10% 폭락

　　　　　한국, 코스피 1,000선 붕괴

3. 위기극복(2009년)

2009년 위기극복을 위하여 각국의 노력과 정책 공조

■ 부록 3. 자본시장통합법 〈총칙〉

자본시장과 금융투자업에 관한 법률

[일부 개정 2010. 3. 12 법률 제10063호 시행일 2010. 6. 13]

제1편 총칙

제1조(목적) 이 법은 자본시장에서의 금융혁신과 공정한 경쟁을 촉진하고 투자자를 보호하며 금융투자업을 건전하게 육성함으로써 자본시장의 공정성·신뢰성 및 효율성을 높여 국민경제의 발전에 이바지함을 목적으로 한다.

제2조(국외행위에 대한 적용) 이 법은 국외에서 이루어진 행위로서 그 효과가 국내에 미치는 경우에도 적용한다.

제3조(금융투자상품) ① 이 법에서 '금융투자상품'이란 이익을 얻거나 손실을 회피할 목적으로 현재 또는 장래의 특정(特定) 시점에 금전, 그 밖의 재산적 가치가 있는 것(이하 '금전등'이라 한다)을 지급하기로 약정함으로써 취득하는 권리로서, 그 권리를 취득하기 위하여 지급하였거나 지급하여야 할 금전등의 총액(판매수수료 등 대통령령으로 정하는 금액을 제외한다)이 그 권리로부터 회수하였거나 회수할 수 있는 금전등의 총액(해지수수료 등 대통령령으로 정하는 금액을 포함한다)을 초과하게 될 위험(이하 '투자성'이라 한다)이 있는 것을 말한다. 다만, 다음 각 호의 어느 하나에 해당하는 것을 제

외한다.

　　1. 원화로 표시된 양도성 예금증서

　　2. 수탁자에게 신탁재산의 처분 권한(「신탁법」 제42조 및 제43조
　　에 따른 처분 권한을 제외한다)이 부여되지 아니한 신탁(이하
　　'관리신탁'이라 한다)의 수익권

　②　제1항의 금융투자상품은 다음 각 호와 같이 구분한다.

　　1. 증권

　　2. 파생상품

　　가. 장내파생상품

　　나. 장외파생상품

제4조(증권) ①　이 법에서 '증권'이란 내국인 또는 외국인이 발행
한 금융투자상품으로서 투자자가 취득과 동시에 지급한 금전등 외에
어떠한 명목으로든지 추가로 지급의무(투자자가 기초자산에 대한 매
매를 성립시킬 수 있는 권리를 행사하게 됨으로써 부담하게 되는 지
급의무를 제외한다)를 부담하지 아니하는 것을 말한다.

　②　제1항의 증권은 다음 각 호와 같이 구분한다.

　　1. 채무증권

　　2. 지분증권

　　3. 수익증권

　　4. 투자계약증권

　　5. 파생결합증권

　　6. 증권예탁증권

　③　이 법에서 '채무증권'이란 국채증권, 지방채증권, 특수채증권

(법률에 의하여 직접 설립된 법인이 발행한 채권을 말한다. 이
하 같다), 사채권, 기업어음증권(기업이 사업에 필요한 자금을
조달하기 위하여 발행한 약속어음으로서 대통령령으로 정하는
요건을 갖춘 것을 말한다. 이하 같다), 그 밖에 이와 유사(유사)
한 것으로서 지급청구권이 표시된 것을 말한다.

④ 이 법에서 '지분증권'이란 주권, 신주인수권이 표시된 것, 법률
에 의하여 직접 설립된 법인이 발행한 출자증권, 「상법」에 따
른 합자회사·유한회사·익명조합의 출자지분, 「민법」에 따른
조합의 출자지분, 그 밖에 이와 유사한 것으로서 출자지분이
표시된 것을 말한다.

⑤ 이 법에서 '수익증권'이란 제110조의 수익증권, 제189조의 수익
증권, 그 밖에 이와 유사한 것으로서 신탁의 수익권이 표시된
것을 말한다.

⑥ 이 법에서 '투자계약증권'이란 특정 투자자가 그 투자자와 타
인(다른 투자자를 포함한다. 이하 이 항에서 같다) 간의 공동사
업에 금전등을 투자하고 주로 타인이 수행한 공동사업의 결과
에 따른 손익을 귀속받는 계약상의 권리가 표시된 것을 말한다.

⑦ 이 법에서 '파생결합증권'이란 기초자산의 가격·이자율·지표·단
위 또는 이를 기초로 하는 지수 등의 변동과 연계하여 미리 정
하여진 방법에 따라 지급금액 또는 회수금액이 결정되는 권리
가 표시된 것을 말한다.

⑧ 이 법에서 '증권예탁증권'이란 제2항 제1호부터 제5호까지의 증
권을 예탁받은 자가 그 증권이 발행된 국가 외의 국가에서 발
행한 것으로서 그 예탁받은 증권에 관련된 권리가 표시된 것을

말한다.

⑨ 제2항 각 호의 어느 하나에 해당하는 증권에 표시될 수 있거나 표시되어야 할 권리는 그 증권이 발행되지 아니한 경우에도 그 증권으로 본다.

⑩ 이 법에서 '기초자산'이란 다음 각 호의 어느 하나에 해당하는 것을 말한다.

1. 금융투자상품

2. 통화(외국의 통화를 포함한다)

3. 일반상품(농산물·축산물·수산물·임산물·광산물·에너지에 속하는 물품 및 이 물품을 원료로 하여 제조하거나 가공한 물품, 그 밖에 이와 유사한 것을 말한다)

4. 신용위험(당사자 또는 제삼자의 신용등급의 변동, 파산 또는 채무재조정 등으로 인한 신용의 변동을 말한다)

5. 그 밖에 자연적·환경적·경제적 현상 등에 속하는 위험으로서 합리적이고 적정한 방법에 의하여 가격·이자율·지표·단위의 산출이나 평가가 가능한 것

제5조(파생상품) ① 이 법에서 '파생상품'이란 다음 각 호의 어느 하나에 해당하는 계약상의 권리를 말한다.

1. 기초자산이나 기초자산의 가격·이자율·지표·단위 또는 이를 기초로 하는 지수 등에 의하여 산출된 금전등을 장래의 특정 시점에 인도할 것을 약정하는 계약

2. 당사자 어느 한쪽의 의사표시에 의하여 기초자산이나 기초자산의 가격·이자율·지표·단위 또는 이를 기초로 하는 지수 등

에 의하여 산출된 금전등을 수수하는 거래를 성립시킬 수 있는
권리를 부여하는 것을 약정하는 계약

3. 장래의 일정 기간 동안 미리 정한 가격으로 기초자산이나 기초
자산의 가격·이자율·지표·단위 또는 이를 기초로 하는 지수
등에 의하여 산출된 금전등을 교환할 것을 약정하는 계약

② 이 법에서 '장내파생상품'이란 파생상품으로서 파생상품시장에
서 거래되는 것 또는 해외 파생상품시장(파생상품시장과 유사
한 시장으로서 해외에 있는 시장과 대통령령으로 정하는 해외
파생상품거래가 이루어지는 시장을 말한다)에서 거래되는 것을
말한다.

③ 이 법에서 '장외파생상품'이란 파생상품으로서 장내파생상품이
아닌 것을 말한다.

④ 제1항 각 호의 어느 하나에 해당하는 계약 중 매매계약이 아닌
계약의 체결은 이 법을 적용함에 있어서 매매계약의 체결로 본다.

제6조(금융투자업) ① 이 법에서 '금융투자업'이란 이익을 얻을 목
적으로 계속적이거나 반복적인 방법으로 행하는 행위로서 다음 각
호의 어느 하나에 해당하는 업(業)을 말한다.

1. 투자매매업
2. 투자중개업
3. 집합투자업
4. 투자자문업
5. 투자일임업
6. 신탁업

② 이 법에서 '투자매매업'이란 누구의 명의로 하든지 자기의 계산으로 금융투자상품의 매도·매수, 증권의 발행·인수 또는 그 청약의 권유, 청약, 청약의 승낙을 영업으로 하는 것을 말한다.

③ 이 법에서 '투자중개업'이란 누구의 명의로 하든지 타인의 계산으로 금융투자상품의 매도·매수, 그 청약의 권유, 청약, 청약의 승낙 또는 증권의 발행·인수에 대한 청약의 권유, 청약, 청약의 승낙을 영업으로 하는 것을 말한다.

④ 이 법에서 '집합투자업'이란 집합투자를 영업으로 하는 것을 말한다.

⑤ 제4항에서 '집합투자'란 2인 이상에게 투자권유를 하여 모은 금전등 또는

「국가재정법」 제81조에 따른 여유자금을 투자자 또는 각 기금관리주체로부터 일상적인 운용지시를 받지 아니하면서 재산적 가치가 있는 투자대상자산을 취득·처분, 그 밖의 방법으로 운용하고 그 결과를 투자자 또는 각 기금관리주체에게 배분하여 귀속시키는 것을 말한다. 다만, 다음 각 호의 어느 하나에 해당하는 경우를 제외한다.

1. 대통령령으로 정하는 법률에 따라 사모(私募)의 방법으로 금전등을 모아 운용·배분하는 것으로서 대통령령으로 정하는 투자자의 총수가 대통령령으로 정하는 수 이하인 경우

2. 「자산유동화에 관한 법률」 제3조의 자산유동화계획에 따라 금전등을 모아 운용·배분하는 경우

3. 그 밖에 행위의 성격 및 투자자 보호의 필요성 등을 고려하여 대통령령으로 정하는 경우

⑥ 이 법에서 '투자자문업'이란 금융투자상품의 가치 또는 금융투

자상품에 대한 투자판단(종류, 종목, 취득·처분, 취득·처분의 방법·수량·가격 및 시기 등에 대한 판단을 말한다. 이하 같다)에 관한 자문에 응하는 것을 영업으로 하는 것을 말한다.

⑦ 이 법에서 '투자일임업'이란 투자자로부터 금융투자상품에 대한 투자판단의 전부 또는 일부를 일임받아 투자자별로 구분하여 금융투자상품을 취득·처분, 그 밖의 방법으로 운용하는 것을 영업으로 하는 것을 말한다.

⑧ 이 법에서 '신탁업'이란 신탁을 영업으로 하는 것을 말한다.

제7조(금융투자업의 적용배제) ① 자기가 증권(투자신탁의 수익증권, 파생결합증권 중 대통령령으로 정하는 것 및 투자성 있는 예금·보험을 제외한다)을 발행하는 경우에는 투자매매업으로 보지 아니한다.

② 제51조 제9항의 투자권유대행인이 투자권유를 대행하는 경우에는 투자중개업으로 보지 아니한다.

③ 불특정 다수인을 대상으로 발행 또는 송신되고, 불특정 다수인이 수시로 구입 또는 수신할 수 있는 간행물·출판물·통신물 또는 방송 등을 통하여 조언을 하는 경우에는 투자자문업으로 보지 아니한다.

④ 투자중개업자가 투자자의 매매주문을 받아 이를 처리하는 과정에서 금융투자상품에 대한 투자판단의 전부 또는 일부를 일임받을 필요가 있는 경우로서 대통령령으로 정하는 경우에는 투자일임업으로 보지 아니한다.

⑤ 「담보부사채신탁법」에 따른 담보부사채에 관한 신탁업, 「저작권법」에 따른 저작권신탁관리업의 경우에는 신탁업으로 보지

아니한다. <개정 2009. 4. 22>

⑥ 제1항부터 제5항까지 규정된 것 외에 다음 각 호의 어느 하나
  에 해당하는 경우에는 대통령령으로 정하는 바에 따라 제6조
  제1항 각 호의 금융투자업으로 보지 아니한다.

1. 제373조에 따라 설립된 한국거래소(이하 '거래소'라 한다)가 증
  권시장 및 파생상품시장을 개설·운영하는 경우

2. 투자매매업자를 상대방으로 하거나 투자중개업자를 통하여 금
  융투자상품을 매매하는 경우

3. 그 밖에 해당 행위의 성격 및 투자자 보호의 필요성 등을 고려
  하여 금융투자업의 적용에서 제외할 필요가 있는 것으로서 대
  통령령으로 정하는 경우

제8조(금융투자업자) ① 이 법에서 '금융투자업자'란 제6조 제1항
각 호의 금융투자업에 대하여 금융위원회의 인가를 받거나 금융위원
회에 등록하여 이를 영위하는 자를 말한다. <개정 2008. 2. 29.>

② 이 법에서 '투자매매업자'란 금융투자업자 중 투자매매업을 영
  위하는 자를 말한다.

③ 이 법에서 '투자중개업자'란 금융투자업자 중 투자중개업을 영
  위하는 자를 말한다.

④ 이 법에서 '집합투자업자'란 금융투자업자 중 집합투자업을 영
  위하는 자를 말한다.

⑤ 이 법에서 '투자자문업자'란 금융투자업자 중 투자자문업을 영
  위하는 자를 말한다.

⑥ 이 법에서 '투자일임업자'란 금융투자업자 중 투자일임업을 영

위하는 자를 말한다.

⑦ 이 법에서 '신탁업자'란 금융투자업자 중 신탁업을 영위하는
자를 말한다.

제9조(그 밖의 용어의 정의) ① 이 법에서 '대주주'란 다음 각 호
의 어느 하나에 해당하는 주주를 말한다. <개정 2009. 2. 3.>

1. 법인의 의결권 있는 발행주식총수를 기준으로 본인 및 그와 대
통령령으로 정하는 특수한 관계가 있는 자(이하 '특수 관계인'
이라 한다)가 누구의 명의로 하든지 자기의 계산으로 소유하는
주식(그 주식과 관련된 증권예탁증권을 포함한다)을 합하여 그
수가 가장 많은 경우의 그 본인(이하 '최대 주주'라 한다)

2. 다음 각 목의 어느 하나에 해당하는 자(이하 '주요 주주'라 한다)

가. 누구의 명의로 하든지 자기의 계산으로 법인의 의결권 있는
발행주식총수의 100분의 10 이상의 주식(그 주식과 관련된 증
권예탁증권을 포함한다)을 소유한 자

나. 임원의 임면(任免) 등의 방법으로 법인의 중요한 경영사항에
대하여 사실상의 영향력을 행사하는 주주로서 대통령령으로
정하는 자

② 이 법에서 '임원'이란 이사 및 감사를 말한다.

③ 이 법에서 '사외이사'란 회사의 상시적인 업무에 종사하지 아
니하는 자로서 제25조에 따라 선임되는 자를 말한다.

④ 이 법에서 '투자권유'란 특정 투자자를 상대로 금융투자상품의
매매 또는 투자자문계약·투자일임계약·신탁계약(관리신탁계
약 및 투자성 없는 신탁계약을 제외한다)의 체결을 권유하는

것을 말한다.

⑤ 이 법에서 '전문투자자'란 금융투자상품에 관한 전문성 구비 여부, 소유자산규모 등에 비추어 투자에 따른 위험감수능력이 있는 투자자로서 다음 각 호의 어느 하나에 해당하는 자를 말한다. 다만, 전문투자자 중 대통령령으로 정하는 자가 일반투자자와 같은 대우를 받겠다는 의사를 금융투자업자에게 서면으로 통지하는 경우 금융투자업자는 정당한 사유가 있는 경우를 제외하고는 이에 동의하여야 하며, 금융투자업자가 동의한 경우에는 해당 투자자를 일반투자자로 본다. <개정 2009. 2. 3.>

1. 국가

2. 한국은행

3. 대통령령으로 정하는 금융기관

4. 주권상장법인. 다만, 금융투자업자와 장외파생상품 거래를 하는 경우에는 전문투자자와 같은 대우를 받겠다는 의사를 금융투자업자에게 서면으로 통지하는 경우에 한한다.

5. 그 밖에 대통령령으로 정하는 자

⑥ 이 법에서 '일반투자자'란 전문투자자가 아닌 투자자를 말한다.

⑦ 이 법에서 '모집'이란 대통령령으로 정하는 방법에 따라 산출한 50인 이상의 투자자에게 새로 발행되는 증권 취득의 청약을 권유하는 것을 말한다.

⑧ 이 법에서 '사모'란 새로 발행되는 증권의 취득의 청약을 권유하는 것으로서 모집에 해당하지 아니하는 것을 말한다.

⑨ 이 법에서 '매출'이란 대통령령으로 정하는 방법에 따라 산출한 50인 이상의 투자자에게 이미 발행된 증권 매도의 청약을

하거나 매수의 청약을 권유하는 것을 말한다.

⑩ 이 법에서 '발행인'이란 증권을 발행하였거나 발행하고자 하는 자를 말한다. 다만, 증권예탁증권을 발행함에 있어서는 그 기초가 되는 증권을 발행하였거나 발행하고자 하는 자를 말한다.

⑪ 이 법에서 '인수'란 증권을 모집·사모·매출하는 경우 다음 각 호의 어느 하나에 해당하는 행위를 하는 것을 말한다.

1. 제삼자에게 그 증권을 취득시킬 목적으로 그 증권의 전부 또는 일부를 취득하는 것

2. 그 증권의 전부 또는 일부에 대하여 이를 취득하는 자가 없는 때에 그 나머지를 취득하는 것을 내용으로 하는 계약을 체결하는 것

⑫ 이 법에서 '인수인'이란 증권을 모집·사모·매출하는 경우 제11항 각 호의 어느 하나에 해당하는 행위를 하는 자를 말한다.

⑬ 이 법에서 '증권시장'이란 증권의 매매를 위하여 거래소가 개설하는 시장으로서 다음 각 호의 것을 말한다.

1. 제4조 제2항 각 호의 증권의 매매를 위하여 개설하는 시장(이하 '유가증권시장'이라 한다)

2. 제4조 제2항 각 호의 증권 중 대통령령으로 정하는 증권의 매매를 위하여 개설하는 시장(이히 '코스닥시장'이라 한다)

⑭ 이 법에서 '파생상품시장'이란 장내파생상품의 매매를 위하여 거래소가 개설하는 시장을 말한다.

이 법에서 '상장법인', '비상장법인', '주권상장법인' 및 '주권비상장법인'이란 각각 다음 각 호의 자를 말한다. <개정 2009. 2. 3.>

1. 상장법인: 증권시장에 상장된 증권(이하 '상장증권'이라 한다)을

발행한 법인

2. 비상장법인: 상장법인을 제외한 법인

3. 주권상장법인: 다음 각 목의 어느 하나에 해당하는 법인

가. 증권시장에 상장된 주권을 발행한 법인

나. 주권과 관련된 증권예탁증권이 증권시장에 상장된 경우에는
  그 주권을 발행한 법인

4. 주권비상장법인: 주권상장법인을 제외한 법인

<16>이 법에서 '외국법인등'이란 다음 각 호의 어느 하나에 해당하는 자를 말한다.

1. 외국 정부

2. 외국 지방자치단체

3. 외국 공공단체

4. 외국 법령에 따라 설립된 외국 기업

5. 대통령령으로 정하는 국제기구

6. 그 밖에 외국에 있는 법인 등으로서 대통령령으로 정하는 자

<17>이 법에서 '금융투자업관계기관'이란 다음 각 호의 자를 말한다. <개정 2009. 2. 3>

1. 제283조에 따라 설립된 한국금융투자협회(이하 '협회'라 한다)

2. 제294조에 따라 설립된 한국예탁결제원(이하 '예탁결제원'이라
  한다)

3. 제324조 제1항에 따라 인가를 받은 자(이하 '증권금융회사'라
  한다)

4. 제336조에 따른 종합금융회사

5. 제355조 제1항에 따라 인가를 받은 자(이하 '자금중개회사'라

한다)

6. 제360조 제1항에 따라 인가를 받은 자(이하 '단기금융회사'라
   한다)

7. 제365조 제1항에 따라 등록한 자(이하 '명의개서대행회사'라 한다)

8. 제370조에 따라 설립된 금융투자 관계 단체

<18>이 법에서 '집합투자기구'란 집합투자를 수행하기 위한 기구
로서 다음 각 호의 것을 말한다.

1. 집합투자업자인 위탁자가 신탁업자에게 신탁한 재산을 신탁업
   자로 하여금 그 집합투자업자의 지시에 따라 투자·운용하게
   하는 신탁 형태의 집합투자기구(이하 '투자신탁'이라 한다)

2. 「상법」에 따른 주식회사 형태의 집합투자기구(이하 '투자회사'
   라 한다)

3. 「상법」에 따른 유한회사 형태의 집합투자기구(이하 '투자유한회
   사'라 한다)

4. 「상법」에 따른 합자회사 형태의 집합투자기구(이하 '투자합자회
   사'라 한다)

5. 「민법」에 따른 조합 형태의 집합투자기구(이하 '투자조합'이라
   한다)

6. 「상법」에 따른 익명조합 형태의 집합투자기구(이하 '투자익명조
   합'이라 한다)

7. 경영권 참여, 사업구조 또는 지배구조의 개선 등을 위하여 지분
   증권 등에 투자·운용하는 투자합자회사로서 지분증권을 사모
   로만 발행하는 집합투자기구(이하 '사모투자전문회사'라 한다)

<19>이 법에서 '사모집합투자기구'란 집합투자증권을 사모로만 발

행하는 집합투자기구로서 대통령령으로 정하는 투자자의 총수가 대통령령으로 정하는 수 이하인 것을 말한다.

<20>이 법에서 '집합투자재산'이란 집합투자기구의 재산으로서 투자신탁재산, 투자회사재산, 투자유한회사재산, 투자합자회사재산, 투자조합재산 및 투자익명조합재산을 말한다.

<21> 이 법에서 '집합투자증권'이란 집합투자기구에 대한 출자지분(투자신탁의 경우에는 수익권을 말한다)이 표시된 것을 말한다.

<22> 이 법에서 '집합투자규약'이란 집합투자기구의 조직, 운영 및 투자자의 권리·의무를 정한 것으로서 투자신탁의 신탁계약, 투자회사·투자유한회사·투자합자회사의 정관 및 투자조합·투자익명조합의 조합계약을 말한다.

<23> 이 법에서 '집합투자자총회'란 집합투자기구의 투자자 전원으로 구성된 의사결정기관으로서 수익자총회, 주주총회, 사원총회, 조합원총회 및 익명조합원총회를 말한다.

<24> 이 법에서 '신탁'이란 「신탁법」 제1조 제2항의 신탁을 말한다.

제10조(다른 법률과의 관계) ① 금융투자업에 관하여 다른 법률에 특별한 규정이 있는 경우를 제외하고는 이 법이 정하는 바에 따른다.

② 금융투자업자가 금융투자업을 영위하는 경우에는 「형법」 제246조를 적용하지 아니한다.

③ 기업어음증권을 발행하는 경우에는 「전자어음의 발행 및 유통에 관한 법률」 제6조의 2를 적용하지 아니한다. <신설 2010. 3. 12.> <시행일 2010. 3. 12.>

■ 찾아보기

(ㄱ)

가계보험 173
겸업은행제도 56
경화 26, 33~34, 209
계단식 상품 106
계리업무 194~195, 200
공동보험 173
공모발행 134, 148, 200
교차환율 211
구매력 평가설 212
국제피셔효과 215
규모의 경제 27, 59, 61, 65
금융시장 6~7, 19, 21, 29, 56, 59,
    61, 67, 70, 76, 89, 95, 98, 109,
    128, 144, 218, 222
금융적 유통 23~24
급부반대급부의 원칙 193
기업어음 할인 115

(ㄷ)

대수의 법칙 184~185, 189, 193, 197
도덕적 해이 67, 96

(ㄹ)

레버리지 비율 156
롱포지션 26, 34, 209, 224

(ㅁ)

매칭 218, 224

(ㅂ)

발행시장 39, 132~133, 148
방카슈랑스 55, 176, 242
방화 26
봉도표 159, 163
브로커 기능 44

(ㅅ)

사망보험 171, 175
사모발행 134, 148, 200
사이버뱅킹 78
산업적 유통 23
상대적 구매력 평가설 213
상해보험 82, 172, 191
생명보험 40, 82, 171, 175, 177,
    185, 186, 189
생명표 184, 187
생산성 비율 157
생존보험 171
서브프라임 모기지 46, 48
서킷 브레이커 138
선도표 159, 163
손해보험 172, 174, 177, 181,
    189~191, 192

숏포지션 26, 34, 209, 224
수시입출금식 예금 102
수익성 비율 155
수지상등의 원칙 184~185, 193, 200
순수위험 175
신용시장 25, 28
실손보상의 원칙 193

(ㅇ)

양도성 예금증서 38, 112, 246
양로보험 171, 175
연금보험 172
연화 26, 34, 209
예정사망률 186~187
예정이율 186~187
완전자본시장 43~44, 50
외환시장 6, 39, 77, 89, 95, 205~209, 218
외환위기 96, 108, 121, 125, 228
워런 버핏 143, 147
위험과 수익의 보상관계 25
위험관리 117, 119, 170, 175, 195, 197, 218
유동성 비율 154~156
유통시장 39, 135~136, 148
인보험 183~184, 186
일물일가의 법칙 209, 212~213
일부보험 174

(ㅈ)

자본시장통합법 59, 242
자산부채종합 관리 46, 50, 118
재보험 173, 195, 198
적자지출단위 19, 24, 33
전문은행제도 57

전액보험 174
절대적 구매력 평가설 213
점수도표 159, 160, 163
정기보험 171
종신보험 171
중복보험 173

(ㅊ)

차익거래 76, 211
초과보험 174
추세분석 160

(ㅋ)

코스닥시장 81, 135~136, 255

(ㅌ)

투기적 위험 175

(ㅍ)

평가절상 209
평가절하 209
포괄보험 174
피셔효과 214
피터 린치 142, 149, 237

(ㅎ)

한국거래소 135, 164, 252
환노출 216
환매조건부채권 94, 113
환율 79, 151, 153, 205, 210~214, 216~218, 222
활동성 비율 156
회전식 예금 107
후순위채 114
흑자지출단위(SSU) 19, 24, 33

임태순 ———————————————————————————————

▌약력

美, Long Island University, MBA
美, University of Wisconsin - Madison, A.B.D
인하대학교 경영학 박사
한국기업경영학회 상임이사
한국재무관리학회 회원
인천상공회의소 자문교수
경영지도사 시험출제위원
서울사이버대학교 학생지원처장 역임
서울사이버대학교 경영학과장 역임
서울사이버대학교 금융보험학과장 역임
현) 서울사이버대학교 금융보험학과 교수
　　　美, Jones International University, adjunct professor

▌주요 저서

『현대경영학의 이해』, 법문사, 2001(공저)
『재무관리의 이해』, 법문사, 2004(공저)
『현대경영학의 개관』, 법문사, 2006(공저)
『재무관리의 이해』(개정판), 법문사, 2007(공저)
『리스크와 재무설계』, 현학사, 2008(공저)
『경영학 원론』, 한국학술정보(주), 2010
『핵심재테크』, 한국학술정보(주), 2010
『행복한 생활경영』, 교문사, 2010

금융시장

은행 · 증권 · 보험

초판인쇄 | 2010년 6월 11일
초판발행 | 2010년 6월 11일

지 은 이 | 임태순
펴 낸 이 | 채종준
펴 낸 곳 | 한국학술정보㈜
주　　소 | 경기도 파주시 교하읍 문발리 파주출판문화정보산업단지 513-5
전　　화 | 031) 908-3181(대표)
팩　　스 | 031) 908-3189
홈페이지 | http://ebook.kstudy.com
E-mail | 출판사업부　publish@kstudy.com
등　　록 | 제일산-115호(2000. 6. 19)

ISBN　978-89-268-1089-7 93320 (Paper Book)
　　　　978-89-268-1090-3 98320 (e-Book)